# › Fit für die **Oberstufe**

## Deutsch

Olivia Pietrzyk

Schroedel
westermann

# › Fit für die **Oberstufe** Deutsch

Autor:
**Prof. Dr. Volker Frielingsdorf** verfügt über langjährige Erfahrung als Deutsch- und Geschichtslehrer in verschiedenen Bundesländern. Er bietet Crashkurse zur Prüfungsvorbereitung an und ist seit 2002 als Schulbuchautor tätig.

Mit Beiträgen von Gertrud Schänzlin, Andrea Heinrichs und Martina Wolff.

*westermann* GRUPPE



Druck [4] / Jahr 2019

Redaktion: imprint, Zusmarshausen
Kontakt: lernhilfen@westermanngruppe.de
Layout und Umschlaggestaltung: Janssen Kahlert Design und Kommunikation GmbH, Hannover
Umschlagfoto: Barbara Braun/drama-berlin.de
Illustrationen: Hans-Jürgen Feldhaus, Münster
Satz: imprint, Zusmarshausen
Druck und Bindung: Westermann Druck Zwickau GmbH

ISBN 978-3-507-**23011**-8

# Vorwort

Liebe Schülerin, lieber Schüler,

Sie wollen fit werden für die Oberstufe?
Dieses Buch hilft Ihnen, Ihre Fähigkeiten im Fach Deutsch richtig einzuordnen und das zu trainieren, was Sie noch nicht sicher genug beherrschen.

Wie arbeiten Sie mit diesem Buch?

1. Beginnen Sie mit dem Einstiegstest. Bearbeiten Sie jeweils einen Teilbereich (A bis F). Gehen Sie dabei die Aufgaben zügig an.

2. Kontrollieren Sie Ihre Ergebnisse mithilfe der Lösungen im Anhang und notieren Sie Ihre Ergebnisse im Lerntagebuch (Download unter www.schroedel.de/oberstufe).

3. Das Lerntagebuch gibt Ihnen eine Übersicht darüber, welche Themen Ihnen noch Schwierigkeiten bereiten und welche Kapitel Sie daher als Erstes bearbeiten sollten. Am Ende jedes Kapitels können Sie im Zwischentest Ihren Lernfortschritt überprüfen.

4. Nachdem Sie alle Kapitel durchgearbeitet haben, in denen Sie noch Schwierigkeiten hatten, sind Sie fit für den Abschlusstest.

Die Aufgaben in diesem Buch haben zwei Schwierigkeitsstufen, damit Sie passend zu Ihrem Leistungsniveau üben können. Besonders anspruchsvolle Aufgaben sind mit einem ★ gekennzeichnet.

Wenn Sie im Buch nicht genügend Platz zur Bearbeitung der Aufgaben finden, nehmen Sie bitte ein Heft zur Hand.

Ein ausführlicher Anhang mit allen wichtigen Informationen zu längeren schriftlichen Arbeiten, Protokoll und zur gezielten Prüfungsvorbereitung runden dieses Buch ab.
Ein Glossar erläutert Fachbegriffe.

Viel Erfolg beim Üben mit ***Fit für die Oberstufe***!
Volker Frielingsdorf

# Inhaltsverzeichnis

# Mit dem Lerntagebuch Wissenslücken effizient schließen!

Im Eingangstest schon Wissenslücken entdeckt?
Dann planen Sie Ihren weiteren Lernfortschritt mit dem Lerntagebuch.
Dieses finden Sie unter:

**www.schroedel.de/oberstufe**

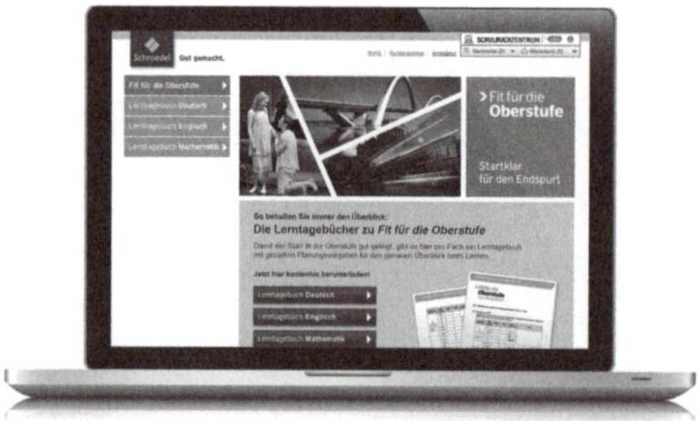


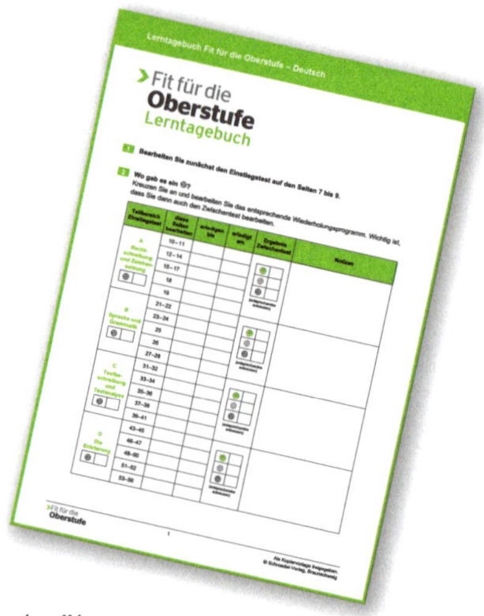


Das Lerntagebuch gibt Ihnen einen genauen Überblick darüber, welche Themen noch Schwierigkeiten bereiten und welche Kapitel daher als Erstes bearbeitet werden sollten.

So behalten Sie beim Lernen immer den Überblick und der erfolgreiche Start in die Oberstufe ist gesichert.

# Einstiegstest

## A Rechtschreibung und Zeichensetzung

**1 Streichen Sie die insgesamt 13 Rechtschreibfehler an und verbessern Sie sie.**

a) Das das „dass“, das das „daß“ ersetzt hat, zur verbindlichen norm geworden ist, mißfällt mir.
b) Das war ein Problem, dass ich nicht atäquat lösen konnte.
c) Das studieren von Fachlitteratur und das tägliche lesen einer Tageszeitung sollte von Jedem erwartet werden.
d) Eine bewerbung im internet muss für den einzelnen über Kurz oder Lang zur schieren Selbstverständlichkeit werden.
e) Philosophie und Philologie sind nicht das Selbe.

13

**2 Fügen Sie bitte die fehlenden Kommas, Punkte, Anführungszeichen usw. ein.**

Wenn die Haifische Menschen wären fragte Herrn Keuner die kleine Tochter seiner Wirtin wären sie dann netter zu den kleinen Fischen sicher sagte er wenn die Haifische Menschen wären würden sie im Meer gewaltige Kästen bauen lassen. Mit allerhand Nahrung drin sowohl Pflanzen als auch Tierzeug sie würden sorgen daß die Kästen immer frisches Wasser hätten, und sie würden überhaupt allerhand sanitäre Maßnahmen treffen damit sie den Haifischen nicht wegstürben vor der Zeit damit die Fischlein nicht trübsinnig würden gäbe es ab und zu große Wasserfeste denn lustige Fischlein schmecken besser als trübsinnige es gäbe natürlich auch Schulen in den großen Kästen in diesen Schulen würden die Fischlein lernen wie man in den Rachen der Haifische schwimmt. ...

30

„Wenn die Haifische Menschen wären“, aus: Bertolt Brecht: Große kommentierte Berliner und Frankfurter Ausgabe, Band 18. © Suhrkamp Verlag Frankfurt am Main 1995.
Aus urheberrechtlichen Gründen ist dieser Text nicht in reformierter Rechtschreibung abgedruckt.

**Gesamtpunktzahl Aufgaben 1 und 2** 43

## B Sprache und Grammatik

**3 Bestimmen Sie die Verbformen (Person, Numerus, Tempus, Modus und Handlungsform).**

a) sie hat bezaubernd gelächelt
b) wir werden uns morgen vergewissert haben
c) Kunigunde wird von allen geliebt
d) du wärest niemals angekommen
e) Horst wurde von niemandem beachtet
f) Schiller sagte, es sei genug. (Bestimmen Sie hier die unterstrichene Verbform.)

6

Kontrollieren Sie Ihre Ergebnisse mithilfe der Lösungen (S. 112) und addieren Sie die erreichten Punkte.

Teilbereich A: ☐ 43 bis 34 Punkte: ☺ ☐ 33 bis 22 Punkte: 😐 ☐ 21 bis 0 Punkte: ☹

4 **Bestimmen Sie die Satzglieder.**

a) Sie schenkten ihr vor kurzer Zeit Turnschuhe.
b) Der Fußballer des Aufsteigers wurde von seinen Managern genau unter die Lupe genommen.
21 c) Der tosende Sturm machte uns Angst.
d) Das hättest du aus Pflichtgefühl tun sollen!

6 ★ 5 **Nennen und erläutern Sie verschiedene Sprachebenen und überlegen Sie, welche Relevanz diese für den Deutschunterricht haben.**

33 **Gesamtpunktzahl Aufgaben 3 und 5**

# C Textbeschreibung und Textanalyse

7 6 **Welche Angaben gehören in den Basissatz der Einleitung einer Textbeschreibung?**

2 7 **Warum ist die Intention des Autors ein entscheidender Schlüssel für die Textanalyse?**

7 8 **Nennen Sie wichtige Gesichtspunkte, die bei der Beschreibung eines Gedichts berücksichtigt werden sollten.**

16 **Gesamtpunktzahl Aufgaben 6 und 8**

# D Die Erörterung

2 9 **Erläutern Sie den Unterschied zwischen einer steigenden und einer dialektischen Erörterung.**

3 10 **Am Ende einer Erörterung ist Ihre Stellungnahme gefragt. Was müssen Sie dabei beachten?**

5 11 **In einer Deutschklausur haben Sie sich für die Texterörterung entschieden. Nennen und beschreiben Sie kurz die Arbeitsschritte, die Sie nun sinnvollerweise erledigen müssen.**

10 **Gesamtpunktzahl Aufgaben 9 bis 11**

Kontrollieren Sie Ihre Ergebnisse mithilfe der Lösungen (S. 112/113) und addieren Sie die erreichten Punkte.

| | | | |
|---|---|---|---|
| Teilbereich B: | ☐ 33 bis 26 Punkte: 🙂 | ☐ 25 bis 17 Punkte: 😐 | ☐ 16 bis 0 Punkte: 😕 |
| Teilbereich C: | ☐ 16 bis 13 Punkte: 🙂 | ☐ 12 bis 8 Punkte: 😐 | ☐ 7 bis 0 Punkte: 😕 |
| Teilbereich D: | ☐ 10 bis 8 Punkte: 🙂 | ☐ 7 bis 5 Punkte: 😐 | ☐ 4 bis 0 Punkte: 😕 |

# E Interpretation / Produktives Schreiben

**12** **Wie gehen Sie bei einer Textinterpretation vor? Welche sprachlichen und formalen Kategorien benutzen Sie dabei?** 8

**13** **Welche Textsorten können beim produktiven Schreiben vorgegeben werden? Nennen Sie mindestens vier. Welche Qualitäten braucht man, um diese Aufgabenform gut zu meistern?** 7

**Gesamtpunktzahl Aufgaben 12 und 13** 15

# F Literaturgeschichte

**14** **Ordnen Sie die folgenden Autoren und Werke einer Epoche der deutschen Literaturgeschichte zu. Wie lauten die Vornamen der hier genannten Autoren?** 14

| Nachname | Vorname (bzw. eigentlicher Name) | Epoche |
|---|---|---|
| Böll | | |
| Heine | | |
| Novalis | | |
| Lessing | | |
| Bachmann | | |
| Der junge Schiller | | |
| Fontane | | |

★ **15** **Was wissen Sie über die Epoche des „Sturm und Drang" (Anfang und Ende, Grundpositionen, Hauptvertreter)?** 8

**Gesamtpunktzahl Aufgaben 14 und 15** 22

Kontrollieren Sie Ihre Ergebnisse mithilfe der Lösungen (S. 113) und addieren Sie die erreichten Punkte.

Teilbereich E: ☐ 15 bis 12 Punkte: 🙂 ☐ 11 bis 8 Punkte: 😐 ☐ 7 bis 0 Punkte: 🙁

Teilbereich F: ☐ 22 bis 18 Punkte: 🙂 ☐ 17 bis 11 Punkte: 😐 ☐ 10 bis 0 Punkte: 🙁

# Rechtschreibung und Zeichensetzung

## Vorschau

→ Groß- und Kleinschreibung
→ s-Laute sowie „das" und „dass"
→ zusammen oder getrennt
→ Fremdwörter
→ Zeichensetzung

## Die Groß- und Kleinschreibung

**Die Groß- und Kleinschreibung** macht nicht nur Schülern und Schülerinnen Schwierigkeiten. Alle Versuche, die Großschreibung abzuschaffen (oder so zu regeln wie im Englischen), sind indes gescheitert. So dürfen auch Sie nicht darauf hoffen, dass sich hierbei in absehbarer Zeit etwas ändern wird.

**REGEL: Groß- und Kleinschreibung – das Wichtigste in Kürze**

- Satzanfänge, Namen und Nomen (Substantive) werden großgeschrieben. Auch Adjektive und Verben können nominalisiert (substantiviert) werden. Viele Nomen kann man an ihren typischen Endungen erkennen: *Anhäuf**ung**, Vergangen**heit**, Unfehlbar**keit**, Erkennt**nis**, Freund**schaft**, Schick**sal**, Zipper**lein**, Find**ling**, Eigen**tum**, Teil**chen**.*
- Häufig werden Nomen durch **Erkennungswörter** angekündigt: Artikel *(**das** Haus)*, Adjektive *(das **bunte** Haus)*, Pronomen *(**dieses** Haus, **einige** Häuser, **ihr** Haus)*, Präposition plus Artikel *(**beim [bei dem]** Gehen, **zum** Essen, **im** Garten)*.

**Groß** schreibt man außerdem:

- Nomen, die eine Zeit angeben: *am nächsten Dienstag, gestern Nachmittag …*
- Pronomen der Höflichkeit: *Sehr geehrte Frau Göhrlich, **Sie** erhalten hiermit eine Antwort auf **Ihr** Schreiben vom …*
- Adjektive in Namensbezeichnungen: *der **Kölner** Dom, der **Westfälische** Friede*
- Bezeichnungen für etwas, das es nur einmal gibt: ***Pazifischer** Ozean …*

**Klein** schreibt man dagegen,

- wenn man das Nomen nach einem Adjektiv einspart, nachdem das Nomen zuvor genannt wurde: *Die komplizierten Arbeiten erledige ich zuerst. Die **leichten** mache ich danach.*
- wenn Herkunftsbezeichnungen auf **-isch** enden: ***indische** Küche, **friesischer** Tee …*

**REGEL:** Auch **Numerale** (Zahlwörter) können als Nomen gebraucht werden. Dann werden sie meist von einem Erkennungswort begleitet oder sind Teil eines Eigennamens: ***der Zehnte, der Dritte im Bunde, das Fünffache von 10, die Null ...***

★ **1** **In diesem Text ist einiges falsch. Markieren Sie die Wörter, die Sie eigentlich großschreiben müssen, und unterstreichen Sie die passenden Erkennungswörter. An manchen Stellen können Sie in Gedanken ein Erkennungswort ergänzen.**

**Bewerben im Internet**

Immer mehr zusatzqualifikationen und fachwissen werden auf der suche nach arbeit von bewerbern gefordert. Der gang zum arbeitsamt und das studieren der tageszeitung reichen oft nicht mehr aus.
Das bewerben im internet spart nicht nur zeit und geld, sondern beweist auch kenntnis des bewerbers in sachen internet. Am besten sucht man auch in jobbörsen nach passenden angeboten.
Zu den jobbörsen führen suchmaschinen, zum beispiel www.google.de. Viele jobs und ausbildungsstellen werden auch von den meisten tageszeitungen im internet angeboten. Hat man eine stelle gefunden, nimmt der bewerber den ersten kontakt zu dem unternehmen auf, am besten über e-mail oder telefon. Die kontaktaufnahme sollte, wie die schriftliche bewerbung auch, gut strukturiert, ein realistisches bild der persönlichen fähigkeiten und kein griff nach den sternen sein, sondern kurz und sachlich auf den punkt kommen.
Trotz aller guten tipps gilt jedoch für das bewerben im internet die devise „Learning by doing". Je mehr jeder bewerber ausprobiert, desto höher steigt seine chance auf eine positive antwort.

**TIPP**

**Erkennungswörter**
(Artikel, Adjektive, Pronomen, Präpositionen + Artikel) helfen Ihnen, Nomen richtig zu schreiben: **der** Garten, **strahlende** Sonne, **dieses** Essen, **beim** Spielen. Als Erkennungswörter helfen auch Präpositionen (**ohne** Fehler) und Numerale (**zehn** Bücher).

# s-Laute und die Unterscheidung von „das" und „dass"

Die s-Laute sind im Deutschen deshalb so schwierig, weil sie unterschiedlich geschrieben werden: mit **s**, **ss** oder **ß**.

**REGEL: s, ss und ß (Sprechprinzip)**
Die Schreibung des scharfen s-Lautes richtet sich wie bei der Schreibung anderer Konsonanten nach dem vorangehenden Vokal (lang oder kurz):

- nach kurzem Vokal steht **ss**: ***Messe, er frisst ...***;
- nach langem Vokal steht **ß**: ***fließen, Straße, Maße (im Gegensatz zu Masse)*** ...

Wenn die erste betonte Silbe eines Wortes einen langen Vokal oder **au**, **äu**, **eu**, **ei**, **ai** enthält, also offen ist, wendet man diese Regeln an:

- Beginnt die folgende Silbe mit stimmhaftem **s** (weich), wird **s** geschrieben: Ra-**s**en, Häu-**s**er, le-**s**en, sau-**s**en ...
- Beginnt die folgende Silbe mit stimmlosem **s** (scharf, zischend), wird **ß** geschrieben: Ma-**ß**e, hei-**ß**en, drau-**ß**en, sto-**ß**en ...

Alle anderen Wortformen dieser Wörter behalten das **s** bzw. das **ß** bei:
le-**s**en, er lie**s**t, er las ... / Häu-**s**er, das Hau**s**, häu**s**lich, Häu**s**lichkeit ...
hei-**ß**en, er hei**ß**t, er hie**ß** ... / Ma-**ß**e, das Ma**ß**, ma**ß**voll, Mä**ß**igkeit ...
Bei zweisilbigen Wörtern, bei denen **st** im Wortstamm selbst vorkommt, schreibt man immer **s** – gleichgültig, ob der Vokal kurz oder lang ist:
das Ge-**s**tein, ge-**s**tolpert, der Hu**s**-ten, der La**s**-ter ...
Wörter mit den Endungen -**nis**, -**is**, -**as**, -**os** und -**us** werden mit **s** geschrieben.

**2** **Setzen Sie s oder ß ein. Bilden Sie, wenn nötig, eine zweisilbige Form.**

barfu__, der Ra__en, lei__e, ra__ten, konfu__, der Applau__, der Kie__, gie__en, der Atla__, au__erdem, der Grie__, der Kürbi__, er stie__, das Gefä__, der Hinwei__, hu__ten, der Erlö__, wei__, der Schmau__ das Hau__, das Rhinozero__, ro__ten, sie sau__te, das We__en, flei__ig, ko__ten, das Geheimni__, genie__en, der Bewei__, der Ha__e, der blo__e Fu__ er blie__, der Gru__, das Verlie__, das Ma__, der Globu__, lei__ten, der Bu__, er stie__, der Rie__e, die Finsterni__, die So__e, das Zeugni__, der Flei__, die Anana__, drau__en, die sü__e Koko__makrone, der Sto__, die Va__e, die Fa__tenzeit, sie hei__t, der Kroku__, unge__tört, das Versäumni__, tau__end, die Fruchthül__e, der Spie__, mei__tens, die In__el, die gro__e La__t, der Mi__t, die Ma__ern, ba__teln, die Wie__en, das Gemü__e, eine rie__ige Na__e, ha__ten

**REGEL:**

- Wenn die erste betonte Silbe eines Wortes einen kurzen Vokal enthält bzw. der stimmlose s-Laut (scharf, zischend) zwischen zwei kurzen Vokalen steht, ist die erste **Silbe geschlossen**. Deshalb schreibt man **ss**: ***fas-sen, küs-sen*** ...
  In allen anderen Wortformen dieser Wörter schreibt man auch ss: ***fas-sen, er fasst, das Fass ...***
- Tritt in der verwandten Wortform ein langer Vokal auf, ist die Silbe mithin **offen**, schreibt man **ß**: ***wis-sen, ich wusste; aber: ich weiß.***

**3 Entscheiden Sie, welchen s-Laut Sie einsetzen müssen (Wortfamilie).**

a) fließen, er floss, geflossen, flüssig, Fluss, fließend, Fließpapier, Fließband

b) heißen, er hieß, geheißen

c) beisen, sie biss, gebissen, Biss, Bissen, bisschen

d) schließen, er schloss, geschlossen, Schließfach, Schließmuskel, Verschluss

e) stoßen, er stößt, Anstoß, Stoßdämpfer, stoßsicher, stoßweise

**REGEL:**

- Das **Relativpronomen „das"** leitet Relativsätze ein und bezieht sich auf ein Nomen im Hauptsatz: ***Dieser Rucksack gehört dem Mädchen, das ich gestern kennengelernt habe.*** Übrigens: Der eingeschlossene Relativsatz wird am Anfang und am Ende durch Kommas abgetrennt: ***Das Mädchen, das ich gestern kennengelernt habe, hat seinen Rucksack vergessen. Das Treffen, auf das ich mich freue, findet am Donnerstag statt.***
- Mit der **Konjunktion dass** wird meistens ein Gliedsatz eingeleitet. Diese Konjunktion bezieht sich häufig auf ein (vorausgehendes) Verb: ***Es ärgert mich, dass ich morgen nicht am Sportfest teilnehmen kann. Dass ich morgen nicht am Sportfest teilnehmen kann, ärgert mich.***

**4 Verbinden Sie die Sätze mit „das" oder „dass". Komma nicht vergessen!**

a) Martin freute sich furchtbar. Es schneite endlich.

b) Er dachte kaum darüber nach. Den Autofahrern bereitete der plötzliche Wetterumschwung ziemliche Probleme.

c) Das sichere Fahren im Auto war ohne Winterreifen unmöglich. Das Fahren war bei diesem Schneefall ein Risiko.

**TIPP**

Dass-Sätze stehen oft nach Verben wie ***wissen, meinen, sagen, behaupten, lesen, vermuten, denken, sich freuen, bedauern, hoffen, verstehen usw.***
Wenn Sie unsicher sind, führen Sie die **Ersatzprobe** mit **dieses** oder **welches** durch.

d) Dennoch saß Martin am Fenster und amüsierte sich. Viele Verkehrsteilnehmer schlitterten wie auf einer Skipiste.
e) Eine Frau rutschte auf ihren glatten Sohlen aus und fiel hin. Er lachte darüber.
f) Einige Hunde sprangen durch das Schneetreiben. Dieses wurde immer dichter.

**REGEL:**

- Die Konjunktion **dass** (K) wird häufig mit dem Demonstrativpronomen **das** (D) verwechselt. Dabei bezieht sich das **Demonstrativpronomen** auf den Satz, der vorangeht: ***Wir haben den Urwald besucht, das (D) war unheimlich aufregend.***
- Die **Konjunktion** leitet dagegen den Gliedsatz ein: ***Das (D) ist schön, dass (K) du das nächste Mal mit uns kommen wirst.***

**5** **Setzen Sie „das" oder „dass" in die Lücken ein. Ergänzen Sie auch Kommas.**

**Ein Bericht aus dem Urwald**

Das war ein Abenteuer, das ich nicht vergessen werde: Das Tropengewitter das zwei Stunden angedauert hat, ist endlich vorbei. Es ist klar dass wir unseren Weg durch den Urwald nun fortsetzen können. Die Luft ist zum Schneiden dick. Das war aber vorauszusehen. Schwer fällt uns das Atmen das uns zu Hause keine Probleme bereitet. Immer wieder müssen wir anhalten das verzögert das Vorankommen. Undurchdringlich erscheint das Unterholz das uns mit armdicken Schlingpflanzen und meterdicken Baumstämmen den Weg versperrt. Das Freischlagen des Pfades mit Haumessern gestaltet sich schwierig. Deutlich zu spüren ist, dass die Beine anschwellen und schwer werden. Das ist eine ganz schöne Tortur. Wir schleppen uns so mühsam weiter, dass der Atem immer schneller geht. Kein Sonnenstrahl dringt durch das Blätterdach das die Bäume bilden. Am Abend rasten wir an einem verlassenen Dorf das halb verfallen ist. Das entfachte Feuer tut so gut, dass die Strapazen weniger schlimm erscheinen. Ich weiß das ich todmüde bin, doch der Urwald hält mich wach – das ist noch viel anstrengender, wenn man eigentlich schlafen möchte. Ringsum spielt der tropische Regenwald das Nachtkonzert das tausend Tiere kreischen und pfeifen. Ich muss feststellen dass das nächtliche Höllenspektakel einen nicht zur Ruhe kommen lässt.

Das ist kein Urlaub das ist Abenteuer pur.

# Zusammen oder getrennt?

**REGEL: Richtig getrennt und zusammenschreiben**

Im Normalfall werden Wörter durch Zwischenräume voneinander getrennt.

- Verbindungen von **Verb und Verb** schreibt man in der Regel getrennt: ***baden gehen ...***
  Verbindungen mit **bleiben** oder **lassen** als weiteren Bestandteil können wahlweise getrennt oder zusammengeschrieben werden, sofern die Verbindung im übertragenen Sinne verwendet wird: ***stehen lassen/stehenlassen (= nicht länger beachten).***
- Verbindungen von **Adjektiv und Verb** werden zusammengeschrieben, wenn durch die Verbindung zweifelsfrei eine neue Gesamtbedeutung entsteht: ***jemanden freisprechen (= jemanden von einer Schuld entbinden).***
- **Nomen** und **Verben** bilden in der Regel eine Wortgruppe und werden getrennt geschrieben: ***Auto fahren, Ski laufen ...; Rad fahren → ich fahre Rad.***
  Nomen können mit Verben untrennbare Zusammensetzungen bilden: ***brandmarken, nachtwandeln ...; bergsteigen*** (*ich „steige Berg"* geht nicht).
- Verbindungen aus **Adverb und Verb** schreibt man in der Regel zusammen, wenn hauptsächlich der erste Bestandteil des Wortes betont ist: a***useinandersetzen, wiederkommen, niederlegen ...***
- Wortgruppen mit **sein** schreibt man stets getrennt: ***ich werde dabei sein, pleite sein ...***
- Adjektive, die auf **-ig, -isch oder -lich** enden, schreibt man getrennt vom Verb oder dem anderen Adjektiv: ***spöttisch lächeln, winzig klein ...;***
  bei Bedeutungsveränderung schreibt man zusammen: ***übrigbleiben (= keine andere Wahl haben).***

Man schreibt **zusammen**, wenn der erste Teil eine bedeutungsverstärkende oder vermindernde Funktion hat: ***bitterkalt, riesengroß, superschwer ...***

★ **6 Füllen Sie die Lücken mit den Wörtern aus den Klammern.**

**Die verflixten Hausaufgaben**

Liz war heute extra zu Hause geblieben, um den (riesig?groß) rießengroß Berg von Hausaufgaben zu erledigen und ihrem Vater zu zeigen, dass sie die Schule jetzt wirklich (ernst?nehmen) ernst nehmen wollte. Draußen war es sowieso (nass?kalt) nasskalt, sodass ihr das Arbeiten nicht besonders (schwer?fallen) Schwerfallen würde. Erst hatte sie überlegt, sich (krank?melden) krankmelden, doch das wäre sicherlich (schief?gehen) schiefgehen. Also nahm sie sich vor, ihre Aufgaben diesmal besonders (gut?machen) gutmachen, und machte sich daran, die (winzig?klein) winzigklein Buchstaben des Textes zu entziffern und den Lückentext auszufüllen. Wurde das Wort nun (klein?schreiben) kleingeschrieben oder vielleicht groß? Wurde dieses Wort (zusammen?schreiben) zusammengeschrieben oder getrennt? Um nicht einfach nur die Zeit (tot?schlagen) totzuschlagen und endlich mal etwas (voll?enden) vollenden zu können, wollte sie erst einmal die Matheaufgaben (fertig?stellen) fertigstellen. Das klappte auch. Mit ihrem kleinen, (blau?grauen) ............ Taschenrechner als Hilfe konnte wirklich nichts (schief?gehen) schiefgehen. Plötzlich hörte sie hinter sich Geräusche: „Na, wie (voran?kommen) kommst du voran?“ Es war ihr Vater. „Hey, bist du (taub?stumm) taubstumm?“, fragte er Liz (tot?ernst) toternst, als sie nicht antwortete.

„Mathe hab ich ja schon fertig, aber Deutsch fällt mir schwer. Das darfst du mir nicht (übel?nehmen) übel nehmen“, antwortete sie (klein?laut) kleinlaut.

„Ach, warum denn? Das können wir doch auch (zusammen?machen) zusammen machen. Ich bereite schnell einen Kakao vor, und dann setzen wir uns gemeinsam hin!“

★ **7** **Unterstreichen Sie die Wörter, die man getrennt schreibt und machen Sie einen Kreis um solche, die man zusammenschreibt. Formulieren Sie mit diesen Wörtern eigene Sätze.**

hoch?klettern, liegen?lassen, Rad?fahren, Computer?spielen, lästig?finden, Zeit?verlieren, Maß?halten, schwarz?ärgern, stecken?bleiben, Lust?haben, ruhig?bleiben, bange?sein, schlaf?wandeln, übrig?bleiben, wach?rütteln, grün?ärgern, dunkel?rot, auseinander?gehen, schluss?folgern, brust?schwimmen, rückwärts?fahren, dicht?gedrängt, durcheinander?reden, tief?erschüttern, taub?stellen, stein?reich, spazieren?gehen.

**REGEL:** Manchmal bleibt es dem Schreiber überlassen, ob er Wortbestandteile als Zusammensetzung (Zusammenschreibung) oder als Wortgruppe (Getrenntschreibung) auffasst:

***anstelle*** oder ***an Stelle***
***aufseiten*** oder ***auf Seiten***
***zugrunde gehen*** oder ***zu Grunde gehen***
***aufgrund*** oder ***auf Grund***
***sodass*** oder ***so dass***
***zugunsten*** oder ***zu Gunsten***

**Prägen Sie sich ein:** so viel (als Konjunktion: soviel), so viele, wie viel, wie viele, zu viel, zu wenig, irgendetwas, irgendjemand, irgendwer, irgendwann, anhand, stattdessen, zuliebe, infolge, inmitten, zuallerletzt, ohne dass, statt dass, außer dass, gar nicht, gar kein ...

**8 Markieren Sie die Fehler. Schreiben Sie den Text richtig ab.**

Mein Freund ist manchmal so eng stirnig, dass man keines wegs mit ihm reden kann. Mitunter ist mir sein Verhalten dann ein wenig zu groß spurig. Infolge dessen wirkt er zeit weilig auch wie weg getreten. Auf bestimmte Vorfälle reagiert er irgend wann nur noch kalt schnäuzig. Das kann man ihm dann richtig übelnehmen, zum Beispiel wenn er beim Fern sehen nicht durch die Kanäle zappen darf. Dann guckt er richtig sauer töpfisch. Auch bei einer Familienfeier kriegt er meist irgendwann einen Koller. Statt sitzenzubleiben, wenn alle miteinanderreden, steht er zu meist auf, um ab zu hauen. Aber wenn es wirklich daraufankommt, wenn ich mich richtig auf ihn verlassen muss, dann schaut er meistens gut mütig drein und steht hinter mir. Deshalb mache ich mir gar keine Sorgen.

**TIPP**

Manchmal wird allein durch die Schreibweise das Verständnis deutlich: Bei einem Referat sollte man möglichst **frei sprechen**.
Schreibt man diese Wörter getrennt, so drückt man aus, dass der Referent spricht, ohne abzulesen. Das heißt, man schreibt getrennt, wenn beide Wörter ihre ursprüngliche Bedeutung behalten.
Der Richter will den Angeklagten **freisprechen**.
Schreibt man diese Wörter zusammen, so drückt man aus, dass dem Angeklagten keine Schuld gegeben wird. Das heißt, man schreibt zusammen, wenn die Zusammensetzung eine andere Bedeutung erhält.

# Fremdwörter

**REGEL:** Etwa jedes vierte Wort im Deutschen kommt aus einer anderen Sprache.

- Grundsätzlich darf man Fremdwörter so schreiben, wie sie in ihrer ursprünglichen Sprache geschrieben werden.
- Bei etlichen Fremdwörtern wurde die Schreibweise aber **angepasst**:

***Photographie / Fotografie, Delphin / Delfin, Ketchup / Ketschup ...***

- Wenn Sie sich an den Suffixen (Endungen) orientieren, können Sie Fehler vermeiden, denn die werden meistens gleich geschrieben: **-ieren, -iv, -age, -eur/eurin, -tion, -ik, -iz, -um, -ine, -ur, -ie, -in ...**
- Während Wörter mit **ph** aus dem Griechischen allmählich eingedeutscht werden, bleiben **th** und **rh** in den meisten Fremdwörtern erhalten: ***These, Sympathie.*** Zwei Schreibweisen gibt es bei ***Thunfisch (Tunfisch), Panther (Panter), Myrrhe (Myrre).***

**9** **Suchen Sie aus einem Wörterbuch jeweils eine weitere Schreibmöglichkeit heraus. Schlagen Sie auch die Bedeutung des Wortes und die Herkunftssprache nach.**

| Fremdwort | 2. Schreibmöglichkeit | Bedeutung | Herkunftssprache |
|---|---|---|---|
| Sauce | *Soße* | *Tunke* | *französisch* |
| circa | ca. | | |
| Shrimps | Garnelen | | |
| Mayonnaise | Mayo | | |

**10** **Streichen Sie die falsche(n) Schreibweise(n) durch.**

Fotografie – Photographie – Fotographie – Photografie
Strofe – Strophe – Strohfe – Strohphe
Diftong – Diphthong – Difthong – Diphtong
Filosophie – Vielosophie – Philosophie – Philosofie
Mehgaphon – Megaphon – Megafon – Megahfon

★ **11** **Versuchen Sie, das Fremdwörter-Rätsel zu lösen:**

| | | | | | | | | | |
|---|---|---|---|---|---|---|---|---|---|
| Denker und Freund der Weisheit: | | | | | | | | 3 | |
| Bei R. M. Rilke hinter Gitterstäben: | | | | | | | 5 | | |
| Geschenk der Heiligen Drei Könige: | | | | | | 4 | | | |
| Das Gefühl dafür sollte man beim Tanzen haben: | | | | | | | | 1 | |
| Verursacht Schmerzen in den Gelenken: | | | | 2 | | | | | |

Lösungswort:

| 1 | 2 | 3 | 4 | 5 |
|---|---|---|---|---|
| | | | | |

# Zeichensetzung

**REGEL:**

1. Das Komma steht **zwischen Sätzen**, gleichgültig, ob es sich dabei um Hauptsätze oder Nebensätze handelt.
   ***Was du heute kannst besorgen, das verschiebe nicht auf morgen.***
   ***Hunde, die bellen, beißen nicht.***
   ***Was du nicht willst, das man dir tu, das füg auch keinem andern zu.***
   ***Wo ein Wille ist, da ist auch ein Weg.***
2. Das Komma **trennt** alle **Glieder einer Aufzählung, vor denen nicht „und"** bzw. **„oder" steht**.
   ***Köln, Berlin, Hamburg und München.***
   ***Jan liebt die Farben grau, blaugrau und blassgrau.***
3. Das Komma steht **vor nachgestellten genaueren Bestimmungen** und **vor Konjunktionen**, die einen **Gegensatz** ausdrücken.
   ***Ich mache gerne Sport, besonders Schwimmen und Leichtathletik.***
   ***Goethe liebte das Reisen, vor allem nach Italien.***
   ***Laura lernt nicht nur Englisch und Französisch, sondern auch Spanisch.***
   ***Langsam, aber sicher.***
4. Das Komma steht **bei eingeschobenen Ergänzungen** (Anrede, Datum, Ausruf):
   ***Guten Tag, Frau Schiffer. Wir sehen uns am Montag, den 3. Oktober.***
   ***Oh, was für ein Glück!***
5. Der **Infinitivsatz kann** durch ein Komma **abgetrennt werden**, in manchen Fällen **muss** ein Komma stehen.
   ***Es ist erlaubt, die Hausaufgaben zu machen.***
   ***Ich freue mich nicht, Sie hier zu sehen.***
   ***Um mich gut vorzubereiten, brauche ich dieses Deutschbuch.***

**12 Unterstreichen Sie jeweils die Verbform und markieren Sie mithilfe von Klammern, wo die Sinneinheiten beginnen und aufhören. Setzen Sie Kommas.**

**Über Massenmedien**

[Massenmedien sind allgemein dadurch gekennzeichnet], [dass sie sich an eine Masse richten]. Dies ist ein Publikum das nach Alter Bildungsstand und Anzahl unbestimmt zusammengesetzt ist und nicht an einem Ort versammelt ist. Die herkömmlichen Massenmedien sind für jedermann zugänglich wirken nur in eine Richtung und machen eine direkte Kommunikation nicht möglich. Sie können also nur auf indirektem Wege zur Wirkung kommen nämlich durch technische Hilfsmittel wie Rotationsdruck Funkwellen Sende- und Empfangsgeräte. Massenmedien kann man als Transportmittel der indirekten Kommunikation bezeichnen die im Leben der Menschen einen größeren Raum einnimmt als die direkte Kommunikation. Diese direkte Form findet in der Familie mit Freunden und Bekannten oder mit Kollegen am Arbeitsplatz statt. Wenn wir mit Fremden über Politik über Sportereignisse über den neuesten Film reden merken wir dass fast alle ihr Wissen oft auch ihre Meinung aus den Medien beziehen.

# Zwischentest

**1 Streichen Sie alle falsch geschriebenen Wörter durch.**

**Reisen bildet – Sprachkurse im Ausland helfen oft auch für den Beruf**

Am Strand liegen und Vokabeln pauken lästigfinden/lästig finden? Im Gegenteil! Für viele deutsche/Deutsche ist das eine reizvolle/Reiz volle Urlaubskombination. Mehr als 150 000 Deutsche buchen jedes Jahr einen Sprachkurs im Ausland und wieder holen/wiederholen diese Reisen sogar mehrfach. „Der Trend ist seit Jahren ungebremst. Der Anteil Erwachsener hat den jugendlicher/Jugendlicher Sprachreisender weit überflügelt", weiß/weis Claus Kunze vom Fachverband Deutscher/deutscher Sprachreiseveranstalter (FDSV) in Berlin zuberichten/zu berichten. Früher habe dabei das Interesse an der Kultur im Vordergrund gestanden, stattdessen/statt dessen seien es heute/Heute vorwiegend berufliche Gründe. „Immer mehr selbstbewuste/selbstbewusste/selbst bewusste Erwachsene entdecken Sprachreisen seit dem/seitdem zu aller erst/zuallererst auch als Single-Urlaub", ergänzt Monika Düngemann, Produktmanagerin für Sprachreisen in München.

„Allein in Deutschland gibt es rund sechzig Anbieter", schätzt Kunze. Nicht alle sind seriös, das/dass hat er mittlerweile/mittler Weile heraus gefunden/herausgefunden. Die 21 im FDSV organisierten Veranstalter würden dagegen regelmäßig/regelmeßig/regelmässig Standards wie Lehrerqualität, Ausstattung und Unterbringung kontrollieren lassen/kontrollierenlassen. Ratschläge gibt auch die Aktion Bildungsinformation (ABI) in Stuttgart, die den Sprachreisemarkt unter die Lupe nimmt und vor „schwarzen/Schwarzen Schafen" warnt.

17

Nach: Lüdenscheider Nachrichten vom 4. Januar 2004

★ **2 Fügen Sie die fehlenden Satzzeichen ein.**

Warschau. Janek Mela ein einbeiniger polnischer Schüler hat am Silvestertag nach einem gewaltigen Fußmarsch den Südpol erreicht. Es ist unglaublich wie er als behinderter Junge die Kälte bezwungen hat kommentiert sein Vater stolz diese Leistung. Für den 16-Jährigen war es der zweite Triumph in wenigen Monaten. Erst im April sei er zum Nordpol gewandert berichtet Vater Jurek der den Tatendrang seines Jungen kaum fassen kann. Mit einem künstlichen Bein hat er sich auf beiden Touren durch die Schnee-und Eismassen gekämpft. Wir haben richtig gut zusammengearbeitet aber auch zusammen gelitten berichtet der erfahrene polnische Abenteurer Marek Kaminski der den Jugendlichen begleitet und unterstützt hat. Mela der vor zwei Jahren bei einem Unfall einen Arm und ein Bein verlor wurde damit zum jüngsten Menschen der innerhalb eines Kalenderjahres Nord- und Südpol erreichte. Das mache ihn zu einem ganz besonderen Menschen der sich von anderen abhebe so der Vater.

18

Lüdenscheider Nachrichten vom 3. Januar 2005

35 **Gesamtpunktzahl**

Kontrollieren Sie Ihre Ergebnisse mithilfe der Lösungen (S. 115) und addieren Sie die erreichten Punkte.

☐ 35 bis 28 Punkte: ☺  ☐ 27 bis 18 Punkte: 😐  ☐ 17 bis 0 Punkte: ☹

# Sprache und Grammatik

## Vorschau

→ Angemessene Sprache: Sprachebene – Sprachstil
→ Grammatik ist die Basis: Wortarten, Satzglieder, Zeitformen, Konjunktiv und indirekte Rede

## Sprachebene – Sprachstil

**REGEL:** Unsere Sprache umfasst verschiedene Sprachebenen:

1. Die **Hochsprache**: Sie ist in aller Regel auch die Standardsprache und wird in den Medien und in der Literatur verwendet. Diese gehobene Sprache bestimmt die Allgemeinverbindlichkeit der sprachlichen Normen. Sie findet sich deshalb auch in Grammatiken, Wörterbüchern und Lexika.
2. Die **Umgangs- und Alltagssprache**: Sie ist zwar der Hoch- und Standardsprache nahe, weicht aber in vielem von den im Schriftlichen geltenden Normen ab. Sie wird im täglichen Umgang benutzt. Früher wurde diese Sprachebene auch als Volksmund bezeichnet. Dabei nimmt die Umgangssprache meist eine Mittelstellung zwischen Hochsprache und Dialekt ein. Ist diese „Zwischensprache" gruppengebunden, so spricht man von einem **Soziolekt**.
3. Die **Dialekte** (Bayrisch, Sächsisch, Kölsch, usw.): Sie haben eine typische ortsbezogene Färbung, sodass die Dialektsprecher oft schon in den Nachbargemeinden als ortsfremd angesehen werden. Dialekte, die auch als Mundarten bezeichnet werden, unterscheiden sich im Wortschatz, in der Betonung und in der Grammatik oft sehr stark von der Hochsprache.
4. **Szenesprachen** (auch: Jargon, Slang): Sie werden nur in einem bestimmten sozialen Milieu oder einer Subkultur gesprochen und dienen der bewussten Abgrenzung von der übrigen Gesellschaft. Szenesprachen werden besonders von Jugendlichen benutzt, die einer exklusiven Gruppe angehören oder angehören wollen. Szenejargons unterliegen einem ständigen und schnellen Wandel, da Ausdrücke rasch überholt sind und durch neue ersetzt werden.
5. Die **Fachsprachen**: Sie werden von Fachleuten eines bestimmten Gebiets (Medizin, Architektur, Computerfachleute, Steuerberater, Wissenschaftler usw.) gesprochen und oft auch nur von ihnen verstanden. Dabei wird normalerweise die Hochsprache benutzt und durch spezielle Fachwörter ergänzt. Die Fachausdrücke, die fast immer aus einer Fremdsprache entlehnt werden, bleiben den meisten anderen Menschen fremd und unverständlich.
   Oft werden Fachsprachen von Außenstehenden als „Fachchinesisch" abgewertet. Sie sind dennoch fast durchweg unentbehrlich, da viele komplexe Sachverhalte nur mithilfe von Fachtermini exakt benannt werden können.

Der Deutschunterricht in der Sekundarstufe II hat vorrangig zum Ziel, die gehobene Sprache zu vermitteln und zu kultivieren. Dabei wird die Fachsprache der Germanistik – das ist diejenige Geisteswissenschaft, die die deutsche Sprache und die deutschsprachige Literatur erforscht – mehr und mehr hinzugezogen.
Die Umgangssprache, die mündlich durchaus auch im Deutschunterricht gebraucht werden kann, hat dagegen in der geschriebenen Sprache nichts zu suchen. Ähnlich wie Dialekte und Szenejargon gehört die Alltagssprache natürlich nicht in Ihre Deutschklausur. Deshalb ist es so wichtig, die verschiedenen Sprachebenen genau unterscheiden zu lernen, um sie umso gezielter einsetzen zu können.

**1 Notieren Sie sich zu jeder Aussage, um welche Sprachvariante es sich handelt. Markieren Sie die Abweichungen von der Standardsprache, an denen Sie dies erkannt haben.**

a) Nee, sowatt abba auch! Datt glaubse nich! Da hatt doch die Gerda 'n Krösken mitten Nachbarn.

Ruhrpott ……………………………………

b) Also ehrlich, da bin ich gestern wieder nach Sparkauf gegangen, um Angebote zu kaufen, weil die sind ja wirklich immer billig. Da steht da doch so ne Riesenschlange vor.

Umgangssprache ……………………………………

c) Wer schon als Kleinkind vom Fernseher verwöhnt und ruhig gestellt wurde, der schweigt offenbar auch, wenn er älter ist.

Standartsprache ……………………………………

d) Das ist ne richtige Bitch.

Jugendsprache ……………………………………

e) Bei der Ausführung des Eckstoßes darf die Eckfahne nicht entfernt oder verändert werden.

Männersprache ……………………………………

**TIPP**

Übrigens ist im deutschen Sprachraum die gehobene Sprache nicht in dem Maße ein soziales Abgrenzungskriterium, wie dies etwa im Englischen oder Französischen der Fall ist. Dort müssen in aller Regel die Mitglieder der Eliten die gehobene Sprache in besonders akzentuierter Weise schriftlich und mündlich praktizieren, wohingegen bei uns die Gebildeten immer wieder auch Ausdrücke aus der Umgangs-, Dialekt- und sogar aus der Vulgärsprache benutzen können, ohne dass dies unbedingt ihrem Ansehen schaden würde.

# Wortarten und Satzglieder

**REGEL: Wortarten:** Es gibt **flektierbare** (= veränderbare) und **unflektierbare** (= unveränderbare) Wörter.
**flektierbare Wörter:** Artikel, Nomen (= Substantiv), Pronomen, Adjektiv, Verb
**unflektierbare Wörter:** Adverb, Konjunktion, Präposition, Interjektion

- **Nomen (Substantive)** werden dekliniert, d. h. sie stehen im Singular oder Plural und in verschiedenen Kasus: Nominativ, Genitiv, Dativ, Akkusativ.
- **Artikel** sind die „Begleiter" der Nomen. Sie zeigen das Genus der Substantive an (Maskulinum, Femininum, Neutrum). Man unterscheidet **bestimmte** und **unbestimmte** Artikel.
- **Pronomen** sind „Für-Wörter", also Stellvertreter für ein Nomen.
  **Personalpronomen:** ***ich, du, er, ihnen, sie; Sie, Ihnen …***
  **Possessivpronomen:** ***mein, euer, ihr, unser; Ihr …***
  **Demonstrativpronomen:** ***dieser, jener, der da, das …***
  **Indefinitpronomen:** ***jeder, einige, irgendeiner …***
  **Relativpronomen:** ***der, dessen, dem, welcher …***
  **Interrogativpronomen:** ***wer, was, welcher …***
- **Adjektive** bezeichnen **Eigenschaften, Zustände und Empfindungen.**
  Meist lassen sie sich steigern: Positiv – Komparativ – Superlativ.
  ***schön – schöner – am schönsten***
- **Verben** werden konjugiert, d. h. sie haben bestimmte Formen/Endungen, aus denen Person und Zeit zu erschließen sind. Man unterscheidet:
  **schwache Verben *(reden – redete – geredet),***
  **starke Verben *(schreiben – schrieb – geschrieben),***
  **transitive Verben *(suchen*** → Akkusativobjekt, Passiv möglich),
  **intransitive Verben *(stehen*** → kein Akkusativobjekt, kein persönliches Passiv möglich).
- **Adverbien** präzisieren das Prädikat, z. B.
  **temporal:** ***gestern,*** **lokal:** ***dort,*** **modal:** ***gerne,*** **kausal:** ***daher.***
- **Konjunktionen** sind „Bindewörter"; sie **verbinden einzelne Wörter *(und)*, Satzreihen *(denn, deshalb)*** oder **Satzgefüge *(weil, wenn, dass).***
- **Präpositionen** sind „Verhältniswörter", d. h. durch ihre Stellung vor einem Nomen klären sie **lokale *(auf, neben, in …)*, temporale *(während, vor, nach …)*** oder **kausale *(wegen, trotz)*** Zusammenhänge. Präpositionen verlangen jeweils einen bestimmten Kasus.
- **Numerale** sind Zahlwörter; die Grundzahlen ***eins*** bis ***zwölf*** werden ausgeschrieben.
- **Interjektionen** sind **Ausrufe *(Ach! Oh!)***, die für die Interpretation eines Textes sehr wichtig sein können.

**REGEL: Satzglieder**

- Ein korrekter Aussagesatz braucht ein **Subjekt** und ein **Prädikat**, z. B.: ***Wir singen.*** → Subjekt, Prädikat
- Er kann durch **weitere Satzglieder** ergänzt werden:
  ***Wir singen Volkslieder.*** → Subjekt, Prädikat, Akkusativobjekt
  ***Wir singen sonntags Volkslieder.*** → Subjekt, Prädikat, adverbiale Bestimmung, Objekt
  ***Wir singen sonntags Volkslieder für die Altenheimbewohner.*** → Subjekt, Prädikat, adverbiale Bestimmung, Präpositionalobjekt (im Akkusativ)
- Anders als im Englischen können die Satzglieder im Deutschen umgestellt werden, z. B.: ***Sonntags singen wir Volkslieder.***
  ***Für die Altenheimbewohner singen wir sonntags Volkslieder.***
  ***Volkslieder singen wir sonntags für die Altenheimbewohner.***

**2 Bestimmen Sie die Satzglieder.**

a) Unser Freund schenkte uns heute ein wunderbares Buch.
S Pr Adbdz AO

b) Den Gästen gefiel die einzigartige Insel mit ihren heißen Quellen sehr.
DO Pr S

c) Der Bundestrainer lobte gestern seinen Mittelstürmer über alle Maßen.
S Pr Adbdz AO

d) Der schwere Unfall ereignete sich auf offener Strecke.
S Pr Adbdo

e) Sie gab es ihm.
S Pr AO DO

**3 Bestimmen Sie die Verbformen (Person, Numerus, Tempus, Modus und Handlungsform).**

a) Julia hat ein bezauberndes Lächeln. ……

b) Sie werden morgen gearbeitet haben. ……

c) Kunigunde war von allen geliebt worden. ……

d) Ihr wäret niemals hier angekommen. ……

e) Horst wird von allen beachtet. ……

f) Schiller hatte gesagt, es sei genug gewesen. ……

# Gebrauch der Zeitformen

**REGEL:** In der deutschen Sprache gibt es drei **Zeitstufen** (Vergangenheit, Gegenwart, Zukunft) und sechs **Zeitformen** (= Tempora): Plusquamperfekt, Perfekt, Präteritum (= Imperfekt), Präsens, Futur I, Futur II. Bei der Verwendung der Zeitformen gibt es **regionale** und **stilistische Unterschiede**.

- **Vergangenheit:** Das Erzähltempus in schriftlichen Texten ist in der Regel das Präteritum. Beim mündlichen Sprachgebrauch wird (vor allem in Süddeutschland und Österreich) das Perfekt bevorzugt: ***Ich habe gesehen.*** Statt: ***Ich sah.***
  Um ein vergangenes Ereignis besonders spannend und anschaulich darzustellen, kann auch die Präsensform gewählt werden: ***Ich war gerade auf einer Parkbank eingenickt; da trifft mich plötzlich ein Ball am Kopf.***
- **Zukunft:** Das Futur wird oft durch das Präsens ersetzt:
  ***Nächste Woche fliege ich nach Amerika. Morgen habe ich schulfrei.***
  Das Futur II wird oft durch das Perfekt ersetzt:
  ***Bis zum Jahresende habe ich das alles erledigt.***
- **Zeitenfolge:** Um die Vorzeitigkeit einer Handlung auszudrücken, muss man sich an die Regeln der Zeitenfolge halten:

| Geschehen | vorzeitiges Geschehen |
|---|---|
| Präsens | Perfekt |
| Präteritum, Perfekt | Plusquamperfekt |
| ***Er geht auf den Spielplatz,***<br>***Sie fuhr in die Stadt,*** | ***wenn er seine Hausaufgaben erledigt hat.***<br>***als sie ihre Hausaufgaben erledigt hatte.*** |

**4 Setzen Sie die Verben in der richtigen Zeitform ein.**

Greta ging (gehen) völlig in Gedanken die Straße entlang. Die Menschen, die rechts und links an ihr vorbeieilten (vorbeieilen), sahen (sehen) sie nicht. Zu sehr beschäftigte (beschäftigen) sie das gestrige Gespräch mit Jan. Was hatte (sagen) er da zu ihr gesagt? „Du bist (sein) wirklich ein toller Kumpel!" Kumpel! Pah! Das wollte (wollen) sie nun wirklich nicht für ihn sein! „Wie werde (umgehen) ich von nun an mit ihm umgehen?", ging (gehen) es ihr durch den Kopf. Automatisch stoppte (stoppen) sie vor einer Ampel. Ohne aufzusehen obequerte (überqueren) sie die Straße. Da sah (sehen) sie das Auto auf sich zukommen. Vor lauter Schreck kommte (können) sie sich nicht rühren. Im letzten Moment spürte (spüren) sie einen Arm, der sie von der Straße riss (reißen).

# Konjunktiv und indirekte Rede

**REGEL:** Im Deutschen gibt es zwei Konjunktivformen, jeweils in **Gegenwart** und **Vergangenheit**.

- Der **Konjunktiv I** wird besonders in der **indirekten Rede** verwendet. ***Sie sagte, sie komme etwas später.***

| direkte Rede | indirekte Rede |
|---|---|
| *Er sagte: „Ich bin müde."* | *Er sagte, er sei müde.* |
| *Sie gibt zu: „Ich war müde."* | *Sie gibt zu, sie sei müde gewesen.* |

- Den **Konjunktiv II** verwendet man in Konditionalsätzen, sowie, um **Wünsche und Vorstellungen** zu äußern:
  ***Ich wäre gern dabei. Ich wäre gern dabei gewesen.*** (= Irrealis)
  Man verwendet ihn aber auch für **höfliche Bitten**:
  ***Könnten Sie das Fenster schließen?***
  Wenn sich die Formen des Konjunktivs I nicht von denen des Indikativs unterscheiden ***(ich habe; sie haben)***, müssen Sie die Formen des Konjunktivs II einsetzen ***(ich hätte, sie hätten)***.
  Manche grammatisch korrekte Formen des Konjunktivs II wirken veraltet oder unverständlich: ***er büke, sie äße, du wüchsest ...*** In solchen Fällen umschreiben Sie mit **würde**: ***Er würde backen. Sie würde essen. Du würdest wachsen.***

★ **5 Geben Sie folgende Rede aus einer Schülervertretungssitzung in der indirekten Rede wieder. Achten Sie darauf, wann Sie den Konjunktiv I durch den Konjunktiv II ersetzen müssen.**

Christoph: „Ich habe darüber nachgedacht, für welche Zwecke der Erlös des Schulfestes gespendet werden kann. Ich schlage vor, das Geld der hiesigen Tafel zu geben. Dort bekommen Menschen täglich ein warmes Essen, die es sich selbst nicht mehr leisten können. Ist es nicht schlimm, dass mittlerweile hier bei uns solch eine Armut herrscht? Auch einige Schüler unserer Schule sind bereits auf diese Hilfe angewiesen. Ich halte es für sehr sinnvoll, wenn die Einnahmen dahin fließen. Auch Freiwillige, die die gespendeten Lebensmittel von den Läden abholen, werden immer gebraucht. Stellt doch bitte meinen Vorschlag in euren Klassen vor."

**TIPP**

**Rettet den Konjunktiv!** Der Konjunktiv gehört wie das Futur II und der Genitiv zu den Grammatikformen, die vom Aussterben bedroht sind! Dabei ist die Möglichkeitsform ein sehr wichtiger Modus, signalisiert er doch, dass der Verfasser das, wovon er berichtet, mit Distanz sieht. So ist es ein gar nicht so kleiner Unterschied, ob in einem Bericht steht: „Der Lehrer meint, Peter hat seine Hausaufgaben gemacht." oder, ob es heißt: „Der Lehrer meint, Peter habe seine Hausaufgaben gemacht."

# Satzbau, Stil und Sprache

**REGEL: Parataxe und Hypotaxe**
Komplexe Aussagen werden entweder in mehreren Hauptsätzen **aneinandergereiht (= Nebenordnung, Parataxe)**, oder es werden **Nebensätze** zum Hauptsatz **hinzugefügt (= Unterordnung, Hypotaxe).**

★ 6 **Überprüfen Sie anhand der folgenden Beispiele die Wirkung von (vorwiegend) parataktischen und (vorwiegend) hypotaktischen Texten.**

a) Ein Mann veranstaltete ein großes Gastmahl und lud viele ein. Und zur Stunde des Gastmahls sandte er seinen Knecht, den Eingeladenen zu sagen: Kommt, denn es ist nun bereit! Und alle fingen gleichermaßen an sich zu entschuldigen. (Lukas Evangelium)

b) Der Schlossvogt, als er fragte, was vorgefallen sei, nahm sogleich das Wort, und während die Hunde, beim Anblick des Fremden, von der einen Seite ein Mordsgeheul gegen ihn anstimmten, und die Ritter ihnen, von der andern, zu schweigen geboten, zeigte er ihm, unter der gehässigsten Einstellung der Sache, an, was dieser Rosskamm [= Pferdehändler], weil seine Rappen ein wenig gebraucht worden wären, für eine Rebellion verführe. (Heinrich von Kleist)

**REGEL: Nominalstil**
Wenn Nomina (= Substantive) in einem Text überwiegen, spricht man von Nominalstil. Dieser wirkt **trocken, bürokratisch** und **unpersönlich.**

7 **Formulieren Sie um. Vermeiden Sie den Nominalstil.**

a) Wegen der Schließung der Halle ...

weil die Halle geschlossen wurde

b) Trotz Hinzufügung von Sonderbestimmungen ...

obwohl Sonderbestimmungen hinzugefügt worden sind

c) Vor der Genehmigung infolge der Beantragung ...

bevor der Antrag genehmigt wird.

d) Bei der Beschlussfassung ist Berücksichtigung der Belastung der Beteiligten anzuraten.

..................

# Kommunikation und Verständigung

Zwischenmenschliche Kommunikation ist vielschichtig und äußerst komplex, weil oft unterschwellig Dinge mitschwingen, die etwas ganz anderes bedeuten als das, was explizit, also in Worten, ausgedrückt worden ist. So kann die **implizite Botschaft** – darunter versteht man das, was neben dem gesprochenen bzw. geschriebenen Wort sonst noch gemeint ist – auch im Gegensatz zu dem explizit Geäußerten stehen.
Die ersten Kommunikationspsychologen, die die menschliche Kommunikation systematisch untersuchten, stellten bald fest, dass jede Mitteilung neben der offenkundigen Sachinformation immer auch einen Beziehungsaspekt hat, da der Sachinhalt ja stets an einen oder mehrere andere Menschen gerichtet ist. Schnell kann es zu Missverständnissen kommen, wenn beispielsweise eine Äußerung persönlich genommen wird, obwohl sie gar nicht so gemeint war.
Da menschliche Aussagen fast immer unterschiedlich verstanden werden können, wird Kommunikation schnell schwierig, ohne dass es dafür einen wirklich „Schuldigen“ geben muss. Die moderne Kommunikationspsychologie um den Hamburger Wissenschaftler Friedemann Schulz von Thun hat weiter herausgefunden, dass menschliche Äußerungen neben dem Sach- und dem Beziehungsaspekt fast immer auch eine Selbstmitteilung und einen Appell enthalten. So werden viele scheinbar sachliche Aussagen nur gemacht, um Aufmerksamkeit zu gewinnen und um sich in ein gutes Licht zu rücken; und viele Mitteilungen haben den eigentlichen Zweck, an den anderen zu appellieren und ihn aufzufordern, etwas Bestimmtes zu tun, Mitleid zu empfinden oder Beifall zu klatschen. Das oben abgebildete Schema verdeutlicht diese vier Aspekte menschlicher Kommunikation.

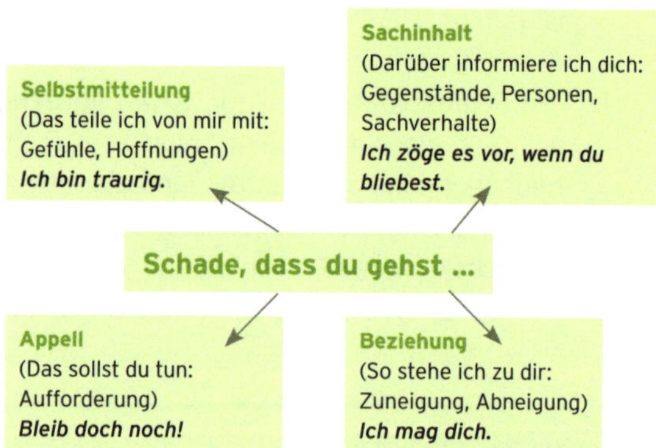


**8** **Notieren Sie zu jeder Aussage, auf welcher Ebene (Selbstmitteilung, Appell, Sachinhalt und Beziehung) was gemeint sein könnte.**

a) Nach der Rückgabe der Mathearbeit äußert sich Alex in der Klasse so: „Herr Meier ist doch wirklich das Letzte!“
b) Zu Hause sagt seine Mutter zu ihm: „Da hilft nur Üben!“

**9** **Erläutern Sie anhand der Ebenen, worin das Missverständnis liegt.**

a) Der Vater sagt zu seiner Tochter: „Ich gehe jetzt spazieren“.
Die Tochter antwortet: „Ich gehe aber nicht mit.“
b) Herr Müller: „Pass auf, da kommt ein Radfahrer!“
Frau Müller: „Fährst du oder fahre ich?“

# Zwischentest

**1 Wie lauten die fehlenden grammatikalischen Bezeichnungen?**

| Deutsche Bezeichnung | Lateinische Bezeichnung |
|---|---|
| Bindewort | |
| | Konjunktiv |
| | Futur |
| Hauptwort | |
| | Adjektiv |
| Fürwort | |
| | Parataxe |
| | Präposition |

**2 Fassen Sie den Redeauszug zusammen (Indirekte Rede!)**

Ich spreche vom Frieden, weil der Krieg ein neues Gesicht bekommen hat. Ein totaler Krieg ist sinnlos in einem Zeitalter, in dem Großmächte umfassende und verhältnismäßig unverwundbare Atomstreitkräfte unterhalten können und sich weigern, zu kapitulieren, ohne vorher auf diese Streitkräfte zurückgegriffen zu haben. [...] Ich spreche daher vom Frieden als dem zwangsläufig vernünftigen Ziel vernünftiger Menschen. Ich bin mir bewusst, dass das Streben nach Frieden nicht so dramatisch ist wie das Streben nach Krieg — und oft treffen die Worte desjenigen, der nach Frieden strebt, auf taube Ohren ...

John F. Kennedy, 1963

**3 Vertauschen Sie die Stellung der Satzglieder im folgenden Satz. Formen Sie keinen Fragesatz. Wie wird die Betonung dabei verändert?**

Ein Kontrolleur fährt täglich von Frankfurt nach Köln im ICE.

**4 Beschreiben Sie den Stil des folgenden Textes und formulieren Sie ihn um.**

In Anbetracht der ständigen Verschmutzung der für die öffentliche Nutzung bereitgestellten Toiletten wird laut Aussage des Gemeinderats nach einer dieses Thema betreffenden Sitzung eine Schließung derselben in Erwägung gezogen.

★ **5 Vergleichen Sie Absicht und Wirkung der folgenden Textabschnitte. Welche Rolle spielt dabei der Satzbau?**

a) Es waren zwei Männer in derselben Stadt, der eine reich, der andre arm. Der Reiche hatte sehr viele Schafe und Rinder, aber der Arme hatte nichts als ein einziges kleines Schäflein, [...] und er hielt es wie ein Kind. Da kam einst zu dem reichen Mann ein Gast. Weil es ihn nun reute, von seinen Schafen oder Rindern eins zu nehmen, nahm er das Lamm des armen Mannes und richtete es dem Manne zu.

b) Ein Wolf fiel in die Schafhürde ein und tötete. Halt, schrie ein Schaf, warum tust du das? Bitte, sagte der Wolf, kann ich anders, ein Wolf? Sicher, rief das Schaf rasch, das ist gerade das Zeichen der Freiheit. Der Wolf besann sich. Gut, sagte er, ich lass es bleiben. Aber auch du sollst frei sein. [...] Bitte mich aus freien Stücken, dich zu fressen.

c) Es war ziemlich spät, gegen elf Uhr, als die Gesellschaft, die sich im Landschaftszimmer noch einmal zusammengefunden hatte, beinahe gleichzeitig aufzubrechen begann. Die Konsulin begab sich, nachdem sie die Handküsse aller in Empfang genommen, in ihre Zimmer hinauf, um nach dem leidenden Christian zu sehen, indem sie die Aufsicht über die Mägde beim Aufräumen des Geschirres an Mamsell Jungmann abtrat.

6

5 **6 Nennen und erläutern Sie kurz die fünf Sprachebenen.**

**7 Füllen Sie die folgende Tabelle aus (vulgäre Ausdrücke werden in schriftlichen Texten weitgehend vermieden!).**

| gehoben | normalsprachlich | umgangssprachlich |
|---|---|---|
| | *Gesicht* | |
| | *Ehefrau* | |
| | *Kleider* | |
| | *Schule* | |
| | *schlagen* | |
| | *bekommen* | |
| | *zusehen* | |
| | *sich anstrengen* | |
| | *reden* | |
| | *sterben* | |

10

4 ★ **8 Skizzieren Sie die vier Ebenen einer Botschaft nach Schulz von Thun und machen Sie deutlich, warum es so leicht zu Missverständnissen kommen kann.**

50 **Gesamtpunktzahl**

Kontrollieren Sie Ihre Ergebnisse mithilfe der Lösungen (S. 117) und addieren Sie die erreichten Punkte.

☐ 50 bis 40 Punkte: ☺ ☐ 39 bis 25 Punkte: 😐 ☐ 24 bis 0 Punkte: ☹

# Textbeschreibung und Textanalyse

## Vorschau

→ Beschreibung und/oder Analyse von:
Zeitungsartikeln, Essays, Reden, Autobiografien

## Textbeschreibung und Textanalyse

Textbeschreibung und Textanalyse gehören zu den grundlegenden Aufgabenformen des Deutschunterrichts in der Oberstufe. Beide sind deshalb wichtig, weil sie die Grundlage bilden für textgebundene Erörterungen und Interpretationen.
Bei alledem geht es darum, Texte tiefergehend zu verstehen: Was beabsichtigt der Autor? Warum schreibt er so und nicht anders? Wie soll der Text auf den Leser wirken? Welche sprachlichen Mittel werden eingesetzt? Erfüllt der Text seine Absicht? Sobald wir derartige Fragen stellen, interessieren wir uns nicht mehr bloß für den Inhalt, sondern für die Intention und die Vorgehensweise des Autors, für den Zusammenhang von Inhalt und sprachlicher Form sowie für die Wirkung des Textes auf den Leser.

**REGEL:** Bei diesen Aufgabenarten handelt es sich um grundlegende Arbeitsformen des Deutschunterrichts, die sich zum Teil überschneiden, zum Teil ergänzen und aufeinander aufbauen:

- **Textwiedergabe:** Knappe Zusammenfassung eines Textes in Form einer Inhaltsangabe.
- **Textbeschreibung:** Textwiedergabe sowie Untersuchung und Beschreibung der sprachlichen Eigenarten eines Textes, die in Beziehung zum Inhalt gesetzt werden müssen.
- **Textanalyse:** Der Textbeschreibung verwandte Aufgabenform, bei der Form und Inhalt eines Textes analysiert und die (verborgenen) Absichten des Autors untersucht werden. Auch zur Textanalyse gehört am Anfang eine Textwiedergabe.
- **Texterörterung:** Form der Erörterung, die auf einem vorliegenden Text aufbaut und die die eigene Textwiedergabe und Textbeschreibung voraussetzt.
- **Textinterpretation:** Interpretation eines Textes, der vorher in Form der Textwiedergabe und der Textbeschreibung bearbeitet worden ist.

Um genau diese Dimension eines wirklichen Textverständnisses geht es dem Oberstufenunterricht in Deutsch. Dabei werden Sie sehen, dass ein derartiges Analysieren und Interpretieren wie eine neue Art des Lesens ist. Sie erwerben sich damit eine wertvolle Technik, die es Ihnen ermöglicht, Texte nicht mehr nur oberflächlich aufzunehmen, sondern sie zu deuten und zu reflektieren. Beim Erlernen dieser neuen Arbeitstechniken sollten Sie übrigens ein bisschen Geduld mit sich haben. Denn so wie Sie das Lesen in der Grundschule auch nicht von heute auf morgen gelernt haben, ist es auch mit den anspruchsvollen Aufgabenarten in der Oberstufe: Es braucht eine gute Weile, bis man damit zurecht

kommt und sie wirklich beherrscht. Bleiben Sie deshalb mit sich gelassen und verzagen Sie nicht, wenn Sie nicht gleich alles verstehen!
Bevor Sie nun bei einer Aufgabe damit beginnen, Fragen zur Leserwirkung, zur Intention des Autors und zur sprachlichen Gestaltung des Textes zu stellen, ist es wichtig, den Text zunächst inhaltlich zu erfassen. Dies geschieht in Form der sogenannten Textbeschreibung. Indem wir einen vorgegebenen Text in eigenen Worten zusammenfassen und den Gedankengang ebenso wie den Aufbau wertfrei beschreiben, dokumentieren wir, dass wir den Text tatsächlich verstanden haben. Andernfalls würde es leicht passieren, dass wir subjektiv interpretieren, ungeprüfte Behauptungen aufstellen oder das eine oder andere falsch deuten.

**REGEL: Nützliche Fragen zur Textbeschreibung**

- Um welche Textsorte handelt es sich (Zeitungsartikel, Werbeanzeige, Rede, Kurzgeschichte, Romanauszug, Gedicht usw.)?
- Wann und wo ist der Text erschienen? Was wissen Sie über den Autor?
- Wie hat der Text beim ersten Lesen auf Sie gewirkt?
- Was ist das übergeordnete Thema des Textes, worum geht es?
- Was ist die zu diskutierende Fragestellung?
- Wie lautet die Kernaussage, die zentrale These des Textes?
- Wie begründet der Autor seine These?
- Wie wird der Text eingeleitet?
- Wie fasst der Autor seine Ergebnisse am Schluss zusammen?
- Wie ist der Text aufgebaut?
- Wie ist der Text sprachlich gestaltet? Welche Stilmittel werden benutzt?
- Welche Intention (= Aussageabsicht) ist in dem Text zu erkennen?

Achtung: Diese Fragen dienen nur zur Orientierung. Natürlich gibt es noch weitere Fragen, die man bei einer Textbeschreibung stellen kann – und natürlich müssen nicht immer alle Fragen beantwortet werden, die hier aufgelistet sind.

Die Textbeschreibung beginnt mit einer Textwiedergabe (= Inhaltsangabe), in der der wesentliche Inhalt kurz zusammengefasst wird. Die Inhaltsangabe muss sachlich-objektiv geschrieben werden. Sie enthält deshalb grundsätzlich keine Interpretationen oder Bewertungen (weiterführende Hinweise zur Inhaltsangabe finden Sie im Kapitel über die Texterörterung, S. 43 ff.).

**REGEL: Was gehört in die Einleitung einer Textwiedergabe/Inhaltsangabe?**
Am Beginn der Inhaltsangabe steht der sogenannte Basissatz, in dem Autor, Textsorte, Titel, Textquelle und das Thema genannt werden, je nachdem auch Ort, Zeit und die Hauptpersonen der Handlung.
**Was gehört in den Schluss einer Inhaltsangabe?**
Am Schluss der Inhaltsangabe steht die vermutete Intention (= Aussageabsicht) des Autors. Dies bildet in der Regel einen geeigneten Übergang für die eigentliche Textbeschreibung und Textanalyse.

# Textbeschreibung von Zeitungsartikeln

Wenn es darum geht, Texte zu untersuchen, spielen journalistische Formen eine herausragende Rolle. Besonders in den überregionalen Tages- und Wochenzeitungen findet sich täglich eine kaum zu überschauende Fülle von Nachrichten, Berichten und Reportagen. Dazu kommen Leitartikel und Kommentare, in denen Journalisten ihre eigene Meinung zu aktuellen Fragen der Zeit äußern. Diese bewertenden Beiträge sind in den seriösen Zeitungen eindeutig von den objektiven Informationen getrennt, indem sie sich zum Beispiel auf einer gesonderten Seite befinden. Neben den tagesbezogenen Artikeln gibt es in der Presse auch immer wieder geistreiche Artikel, die sogenannten Essays, von bleibendem Wert. Aus allen diesen Gründen und wegen ihrer unglaublichen Vielfalt gehören journalistische Texte zu den beliebtesten Quellen des Deutschunterrichts.

Bei der Analyse von Zeitungsartikeln sollten Sie stets im Auge behalten, dass gerade Presseerzeugnisse neben ihrer Informationspflicht immer auch eine besondere Absicht verfolgen. Dies gilt selbst bei ganz sachlich gehaltenen Nachrichten, denn meist sind schon ihre Auswahl und Gewichtung kein Zufall, sondern ein Hinweis auf die politische Ausrichtung des Blattes. Deshalb ist es gerade bei Zeitungsartikeln wichtig, sie kritisch zu lesen und auf mögliche Interessen des Autors und des Herausgebers hin zu prüfen.

*Bernd Dörries*

## Schwere Kost

**Bundesregierung besteuert Essen an Schulen höher als Fastfood**

Politiker aller Parteien reden seit Jahren gerne darüber, wie wichtig doch ein ausgewogenes Mittagessen für die Schüler ist. Und während sie das sagen, haben die Beamten im Bundesfinanzministerium das Essen in den Schulen fast unbemerkt teurer gemacht. Sie berechnen für das Kantinenessen den vollen Mehrwertsteuersatz von 19 Prozent – während auf den Hamburger vom Imbiss nur sieben Prozent Steuern anfallen.
Schon Ende 2008 hat sich das Bundesfinanzministerium Gedanken über eine neue „Abgrenzung von Lieferungen und sonstigen Leistungen bei der Abgabe von Speisen und Getränken“ gemacht. Davor mussten die Schulkantinen für die Zubereitung des Essens den Satz von sieben Prozent zahlen und 19 Prozent auf die Ausgabe – jetzt will der Staat den vollen Satz auf alles.

Die Folgen bekommen viele Städte aber erst jetzt zu spüren. Tübingen zum Beispiel schließt derzeit wieder neue Verträge mit den Zulieferern der Schulkantinen und rechnet damit, dass das Schulessen um zehn Prozent teurer wird.
„Ein gesundes Schulessen sollte nicht 19 Prozent Mehrwertsteuer tragen müssen, wenn der Fast-Food-Burger neben der Schule nur mit sieben Prozent belastet ist", schreibt Oberbürgermeister Boris Palmer (Grüne) deshalb in einem Protestbrief an Bundesfinanzminister Wolfgang Schäuble (CDU).
Die Beamten im Finanzministerium haben wohl schon geahnt, dass der Durchschnittsbürger Probleme haben könnte mit ihren Ausführungen. Sie haben sich daher um Beispiele bemüht: Der verbilligte Mehrwertsteuersatz von sieben Prozent werde dann fällig, wenn sich der „Durchschnittsverbraucher" an einem Imbissstand etwa eine Portion Pommes bestellt, die mit „Abgabe von Senf, Ketchup, Mayonnaise oder Apfelmus" verbunden ist und sich danach vom Stand sofort entfernt. Eine Serviette darf er mitnehmen, Stehtische aber sollte er meiden.
Anders sieht es in einer Schule aus, in der beispielsweise Biokost an die Schüler ausgegeben wird. Das beauftragte Unternehmen serviert richtige Teller, die es danach auch spült – und muss dafür den vollen Mehrwertsteuersatz von 19 Prozent zahlen, weil es Leistungen erbringe, die „nicht notwendig mit der Vermarktung der Speisen verbunden sind".
Letztlich wird also das Schulessen teurer, nicht aber der Hamburger im Imbiss. Dies sei nicht im Sinne einer gesunden Ernährung, sagt der Tübinger Oberbürgermeister Palmer. Es sei auch völlig unverständlich, dass die Bundesregierung Hotels bei der Mehrwertsteuer entlaste, während das Schulessen teurer werde. „Die Milliarde, die dem Fiskus dank der Senkung der Mehrwertsteuer für Hotelübernachtungen auf sieben Prozent entgeht, wird zum Ausbau der Bildungs- und Betreuungsangebote in den Kommunen dringend benötigt."

Bernd Dörries: Schwere Kost. In: Süddeutsche Zeitung vom 10. März 2010, Nr. 57, Seite 9

**1 Lesen Sie den Text und bearbeiten Sie dann die Aufgaben.**
a) Fassen Sie den Text kurz zusammen.
b) Arbeiten Sie die zentrale Fragestellung des Artikels heraus.
c) Beschreiben Sie die sprachliche Gestalt des Textes.
★ d) Welche Intention liegt dem Text zugrunde?

**2 Führen Sie doch einmal regelmäßig ein Ernährungstagebuch, in dem Sie besonders notieren, wann Sie zu „Fastfood" gegriffen haben – und warum.**

# Textbeschreibung von Essays

**REGEL:** Unter einem Essay versteht man die geistreiche Abhandlung eines Autors über ein von ihm selbst gewähltes Thema, mit dem er sich auf persönliche Art auseinandersetzt. Dabei ist es für den ungeübten Leser manchmal nicht ganz leicht, herauszufinden, was das eigentliche Anliegen des Schriftstellers ist.
Deshalb ist es bei Essays unumgänglich, den Text genau zu lesen und zu analysieren. Da in einer solchen Abhandlung immer ein Standpunkt vertreten wird, sollte man hier versuchen, die Kernthese herauszuarbeiten.

*Hans Magnus Enzensberger*

## Luxus – woher, und wohin damit?

Alles, was sich dazu sagen läßt, können nur Vermutungen sein. Ich vermute also, daß es ganz andere Prioritäten sein werden, um die es bei künftigen Verteilungskämpfen geht. Knapp, selten, teuer und begehrenswert sind im Zeichen des wuchernden Konsums nicht schnelle Automobile und goldene Armbanduhren, Champagnerkisten und Parfums, Dinge, die an jeder Straßenecke zu haben sind, sondern elementare Lebensvoraussetzungen wie Ruhe, gutes Wasser und genügend Platz. Merkwürdige Umkehrung einer Logik der Wünsche: Der Luxus der Zukunft verabschiedet sich vom Überflüssigen und strebt nach dem Notwendigen, von dem zu befürchten ist, daß es nur noch den Wenigsten zu Gebote stehen wird. Das, worauf es ankommt, hat kein Duty Free Shop zu bieten:
*1. Die Zeit.* Sie ist das wichtigste aller Luxusgüter. Bizarrerweise sind es gerade die Funktionseliten, die über ihre eigene Lebenszeit am wenigsten frei verfügen können. Das ist nicht in erster Linie eine quantitative Frage, obwohl viele Angehörige dieser Schicht bis zu achtzig Stunden in der Woche arbeiten; viel eher sind es ihre vielfältigen Abhängigkeiten, die sie versklaven. Man erwartet von ihnen, daß sie jederzeit erreichbar sind und auf Abruf bereitstehen. Im übrigen sind sie an Terminkalender gebunden, die auf Jahre hinaus in die Zukunft reichen. Aber auch andere Berufstätige sind an Regelungen gebunden, die ihre Zeitsouveränität auf ein Minimum beschränken. Arbeiter hängen von Maschinenlaufzeiten, Hausfrauen von absurden Ladenschlußzeiten, Eltern von den Verfügungen der Schule ab, und fast alle sind auf Pendelfahrten zu den Spitzenverkehrszeiten angewiesen. Unter solchen Bedingungen lebt luxuriös, wer stets Zeit hat, aber nur für das, womit er sich beschäftigen will, und wer selber darüber entscheiden kann, was er mit seiner Zeit tut, wieviel er tut, wann und wo er es tut.
*2. Die Aufmerksamkeit.* Auch sie ist ein knappes Gut, um dessen Verteilung sämtliche Medien erbittert kämpfen. Im Gerangel von Geld und Politik, Sport und Kunst, Technik und Werbung bleibt wenig von ihr übrig. Nur wer sich diesen Zumutungen entzieht und das Rauschen der Kanäle abschaltet, kann selbst darüber entscheiden, was Aufmerksamkeit verdient und was nicht. Unter dem Trommelfeuer arbiträrer Informationen nehmen unsere sinnlichen und kognitiven Fähigkeiten ab; sie wachsen mit der Reduktion auf das und nur das, was wir selber sehen, hören, fühlen und wissen wollen. Auch darin kann man ein Moment von Luxus sehen.

*3. Der Raum.* Was für die Ökonomie der Zeit der Terminkalender, ist für die des Raumes der Stau. Im übertragenen Sinn ist er allgegenwärtig. Steigende Mieten, Wohnungsnot, überfüllte Verkehrsmittel, Gedrängel in den Fußgängerzonen, Freibädern, Diskotheken, Touristenzonen zeigen eine Verdichtung der Lebensverhältnisse an, die an Freiheitsberaubung grenzt. Wer sich dieser Käfighaltung entziehen kann, lebt luxuriös. Dazu gehört auch die Bereitschaft, sich aus dem Warenberg freizuschaufeln. Meist ist die ohnehin viel zu kleine Wohnung mit Möbeln, Geräten, Nippes und Klamotten verbarrikadiert. Was fehlt, ist jener Überfluß an Platz, der die freie Bewegung überhaupt erst möglich macht. Heute wirkt ein Zimmer luxuriös, wenn es leer ist.

*4. Die Ruhe.* Auch sie ist ein Grundbedürfnis, das immer schwerer zu stillen ist. Wer den allgegenwärtigen Krach vermeiden will, muß einen hohen Aufwand treiben. Wohnungen kosten in der Regel umso mehr, je ruhiger sie sind; Restaurants, die ihren Gästen nicht mit Gedudel in den Ohren liegen, fordern dafür, daß sie auf diese Belästigung verzichten, höhere Preise. Der tobende Verkehr, das Heulen der Sirenen, das Knattern der Hubschrauber, die dröhnende Stereoanlage des Nachbarn, die monatelang wummernden Straßenfeste – Luxus genießt, wer sich all dem entziehen kann.

*5. Die Umwelt.* Daß man die Luft atmen und das Wasser trinken kann, daß es nicht qualmt und nicht stinkt, ist bekanntermaßen keine Selbstverständlichkeit, sondern ein Privileg, an dem immer weniger Menschen teilhaben. Wer sie nicht selbst erzeugt, muß Lebensmittel, die nicht vergiftet sind, teuer bezahlen. Den Risiken für Leib und Leben am Arbeitsplatz, im Verkehr und im gemeingefährlichen Freizeitrummel aus dem Weg zu gehen, dürfte den meisten schwerfallen. Auch in dieser Hinsicht sind es die Möglichkeiten des Rückzugs, die immer knapper werden. [...]

Alles in allem laufen diese Mutmaßungen auf eine Kehrtwendung hinaus, die reich an Ironien ist. Wenn sie etwas für sich haben, dann liegt die Zukunft des Luxus nicht wie bisher in der Vermehrung, sondern in der Verminderung, nicht in der Anhäufung, sondern in der Vermeidung.

---

Hans Magnus Enzensberger. Luxus – woher, und wohin damit? Reminiszenzen an den Überfluss. Frankfurt a. M. 1995 © Suhrkamp Verlag
Aus urheberrechtlichen Gründen ist dieser Text nicht in reformierter Rechtschreibung abgedruckt.

**3 Lesen Sie den Text und bearbeiten Sie dann die Aufgaben.**

a) Schreiben Sie einen Basissatz zu dem Text von Hans Magnus Enzensberger.
b) Wie lautet Enzensbergers Kernaussage? Wie begründet er seine These?
★ c) Welche Absicht dürfte der Autor verfolgt haben?

**4 Überlegen Sie einmal für sich, wie wichtig Ihnen die von Enzensberger beschriebenen Grundbedürfnisse sind und was für Sie Luxus ist.**

# Textbeschreibung von Reden

Auch wenn Reden heutzutage nicht mehr denselben Stellenwert haben wie in der Antike, stehen sie immer noch oft genug im Zentrum des öffentlichen Interesses, und nach wie vor kann ein geschickter Redner sein Publikum fesseln und begeistern. Wie sich die Rhetorik auch verheerend auswirken kann, haben die Redner des Dritten Reiches von Hitler bis Goebbels auf erschreckende Weise gezeigt.

Auch um der oft gefährlichen Faszination von geschickten Rednern nicht zu erliegen, ist es wichtig, dass man die Grundregeln der Rhetorik (= Redekunst) kennenlernt. Bei der Analyse von Reden sollten Sie sich daher immer wieder fragen, aus welchem Anlass und zu welchem Zweck die betreffende Rede gehalten wurde.

**REGEL: Fragen zur Beschreibung und Analyse von Reden**

- Was ist das offizielle Thema der Rede?
- Aus welchem Anlass wurde die Rede gehalten? Wer war das Publikum?
- Welche Absicht ist aus der Rede zu erkennen?
- Welche Kernthese vertritt der Redner?
- Wie begründet der Redner seine These(n)?
- Wie ist die Rede aufgebaut?
- Welche rhetorischen Mittel/Figuren setzt er ein?
- Welche Mittel der Propagandasprache sind zu erkennen?
- Versucht der Redner eher zu „überzeugen" oder zu „überreden"?
- Geht er argumentativ vor oder versucht er, Emotionen zu wecken?
- Welche Wirkung löste die Rede bei Ihnen, welche bei den Zuhörern aus?

*Auf dem Gelände des ehemaligen Konzentrationslagers Bergen-Belsen wurde ein Gedenkstein aufgestellt. Der erste Bundespräsident hielt aus diesem Anlass eine Rede zur Einweihung.*

*Theodor Heuss*

## Das Mahnmal (1952)

Ich habe, als ich gefragt wurde, ob ich heute hier, aus diesem Anlass ein Wort zu sagen bereit sei, ohne lange Überlegung mit ja geantwortet. Denn ein Nein der Ablehnung, der Ausrede, wäre mir als eine Feigheit erschienen, und wir Deutschen wollen, sollen und müssen, will mir scheinen, tapfer zu sein lernen gegenüber der Wahrheit, zumal auf einem Boden, der von den Exzessen menschlicher Feigheit gedüngt und verwüstet wurde.
[...]
Wer hier als Deutscher spricht, muss sich die innere Freiheit zutrauen, die volle Grausamkeit der Verbrechen, die hier von Deutschen begangen wurden, zu erkennen. Wer sie beschönigen oder bagatellisieren wollte oder gar mit der Berufung auf den irre gegangenen Gebrauch der sogenannten „Staatsraison" begründen wollte, der würde nur frech sein.

Aber nun will ich etwas sagen, was manchen von Ihnen hier erstaunen wird. Ich habe das Wort Belsen zum erstenmal im Frühjahr 1945 aus dem britischen Rundfunk gehört, und ich weiß, dass es vielen in diesem Lande ähnlich gegangen ist. [...] Diese Bemerkung soll keine Krücke sein für diejenigen, die gern erzählen: Wir haben von alledem nichts gewusst. Wir haben von den Dingen gewusst. Wir wussten auch aus den Schreiben evangelischer und katholischer Bischöfe, die ihren geheimnisreichen Weg zu den Menschen fanden, von der systematischen Ermordung der Insassen deutscher Heilanstalten. Dieser Staat, dem menschliches Gefühl eine lächerliche und Kosten verursachende Sentimentalität hieß, wollte auch hier tabula rasa – „reinen Tisch" – machen, und der reine Tisch trug Blutflecken, Aschenreste – was kümmerte das? Unsere Fantasie, die aus der bürgerlichen und christlichen Tradition sich nährte, umfasste nicht die Quantität dieser kalten und leidvollen Vernichtung.

Dieses Belsen und dieses Mal sind stellvertretend für ein Geschichtsschicksal. Es gilt den Söhnen und Töchtern fremder Nationen, es gilt den deutschen und ausländischen Juden, es gilt auch dem deutschen Volke und nicht bloß den Deutschen, die auch in diesem Boden verscharrt wurden. [...]

Judenverfolgungen kennt die Vergangenheit in mancherlei Art. Sie waren ehedem teils Kinder des religiösen Fanatismus, teils sozialökonomischer Konkurrenzgefühle. Von religiösem Fanatismus konnte nach 1933 nicht die Rede sein. Denn den Verächtern der Heiligen Schriften des Alten und Neuen Bundes, den Feinden aller religiösen Bindungen, war jedes metaphysische Problem denkbar fremd. Und das Sozialökonomische reicht nicht aus, wenn es nicht nur an Raubmord denkt. Aber das war es nicht allein. Im Grunde drehte es sich um etwas anderes. Der Durchbruch des biologischen Naturalismus der Halbbildung führte zur Pedanterie des Mordens als schier automatischer Vorgang, ohne das bescheidene Bedürfnis nach einem bescheidenen quasi-moralischen Maß. Dies gerade ist die tiefste Verderbnis dieser Zeit. Und dies ist unsere Scham, dass sich solches im Raum der Volksgeschichte vollzog, aus der Lessing und Kant, Goethe und Schiller in das Weltbewusstsein traten. Diese Scham nimmt uns niemand, niemand ab [...]

Da steht der Obelisk, da steht die Wand mit den vielsprachigen Inschriften. Sie sind Stein, kalter Stein. Saxa loquuntur, Steine können sprechen. Es kommt auf den Einzelnen, es kommt auf dich an, dass du ihre Sprache, dass du diese ihre besondere Sprache verstehst, um deinetwillen, um unser aller willen!

**5 Lesen Sie den Text und bearbeiten Sie dann die Aufgaben.**

a) Fassen Sie die vorliegende Rede von Theodor Heuss zusammen und beachten Sie dabei den besonderen Redeanlass und die Position des Vortragenden.
b) Welche Wirkung löst die Rede aus?
c) Mit welchen sprachlichen Mitteln wird diese Wirkung erzielt?

**6 Informieren Sie sich im Internet über die Rede des späteren Bundespräsidenten Richard von Weizsäcker, die dieser am 5. Mai 1985 im Deutschen Bundestag zum „Tag der Befreiung" von der NS-Diktatur gehalten hat.**

# Textbeschreibung von Autobiografien

Eine Beschreibung des eigenen Lebens – nichts anderes bedeutet „Autobiografie" – wird in der Regel von Persönlichkeiten verfasst, die in der Öffentlichkeit stehen und die über ihr ganzes bisheriges Leben oder wichtige Teilabschnitte berichten wollen. Oft geschieht dies, um Rechenschaft über das eigene Tun und Lassen abzulegen oder um zu zeigen, welche bedeutenden Leistungen man vollbracht hat.

Um autobiografische Texte angemessen verstehen und würdigen zu können, ist die Frage nach der Intention hier noch wichtiger als bei den anderen Textformen: Was bezweckt er/sie mit dieser Darstellung des eigenen Lebens? Wird damit ein öffentliches Interesse befriedigt oder will die Person noch einmal auf sich aufmerksam machen, um nicht in Vergessenheit zu geraten? Geht es darum, sich zu rechtfertigen, oder darum, eine selbstkritische Bilanz zu ziehen? Dient die Autobiografie vielleicht der Selbstklärung – oder will der Autor nur schlicht noch einmal richtig Geld damit verdienen, dass er vermeintlich Interessantes und womöglich auch Intimes der Öffentlichkeit preisgibt?

**TIPP**

Informieren Sie sich, wann immer es geht, über die Person des Autors, dessen Text Sie bearbeiten müssen! Bei Autobiografien ist dies besonders wichtig, damit Sie etwas Neutrales über Leben und Werk der betreffenden Persönlichkeit erfahren und sich ein unabhängiges Bild von ihr machen können.

*Marcel Reich-Ranicki, in Polen geboren, siedelte 1929 mit seiner Familie nach Berlin um, wurde 1938 als Jude ins Warschauer Getto deportiert. Erst 1958 kehrte er nach Deutschland zurück. Er traf sich mit den wichtigsten deutschen Schriftstellerinnen und Schriftstellern und wurde bald bekannt als kompetenter Literaturkritiker.*
*Er gilt – u. a. wegen seiner Fernsehauftritte – als deutscher „Literatur-Papst".*

*Marcel Reich-Ranicki (1999)*

## Mein Leben

Lange dauerte meine Liebe zur Mathematik nicht. Als ich dreizehn oder vierzehn Jahre alt war, vernachläßigte ich das Fach und die meisten anderen ebenfalls. Ein anderes Fach, ein einziges, hatte es mir inzwischen angetan – ein Fach übrigens, das mir für die Rache an jenen Mitschülern, die mich verspotteten, noch viel besser geeignet schien als die Mathematik. Ja, ich rächte mich, ich wurde nun und blieb bis zum Abitur der beste Deutschschüler der Klasse. Aus Trotz? Das mag zutreffen, aber so ganz richtig ist es natürlich nicht. Da gab es noch einen anderen Faktor, da hat noch ein anderes Motiv mitgewirkt – und es läßt sich kaum überschätzen: Das Lesen von Geschichten, von Romanen und sehr bald auch von Theaterstücken machte mir immer mehr Spaß. Und ehe ich mich's versah, da war's um mich geschehn. Ich war glücklich – wohl zum ersten Mal in meinem Leben. Ein extremes, ein unheimliches Gefühl hatte mich befallen und überwältigt. Ich war verliebt. Halb zog sie mich hin, halb sank ich hin – ich war verliebt in sie, die Literatur. [...]

„Ich kann die Klassiker nicht leiden, die Schule hat sie mir verekelt“ – man hört dies oft. Für mich galt das nicht, es war gerade umgekehrt. Die Schule hat, wie sonst nur noch das Theater, mein Interesse für die Literatur von Lessing bis Gerhart Hauptmann, zumal für Goethe, Schiller und Kleist, in hohem Maße gesteigert und bisweilen meine Begeisterung auch auf mir noch unbekannte Bereiche gelenkt. [...]
Nie habe ich mehr gelesen als in meiner Gymnasialzeit! [...] Ich kann mich ziemlich genau erinnern, was ich, als ich im Herbst 1938 aus Deutschland deportiert wurde, von der Weltliteratur kannte. Ich vermag es heute nicht mehr zu erklären, wie ich es schaffen konnte, innerhalb von fünf, sechs Jahren alle Dramen von Schiller und die meisten von Shakespeare zu lesen, nahezu alles von Kleist und Büchner, sämtliche Novellen von Gottfried Keller und Theodor Storm, einige der großen und meist umfangreichen Romane von Tolstoj und Dostojewski, von Balzac, Stendal und Flaubert. [...]“

Marcel Reich-Ranicki: Mein Leben, S. 35 f., 87 und 93. 
Aus urheberrechtlichen Gründen ist dieser Text nicht in reformierter Rechtschreibung abgedruckt.

**7 Lesen Sie den Text und bearbeiten Sie dann die Aufgaben.**

a) Geben Sie kurz wieder, was Marcel Reich-Ranicki in den vorliegenden Textauszügen aus seinem Leben als Schüler berichtet.
b) Beschreiben Sie, wie der Autor hier sein Leben schildert.

*Hillary Rodham Clinton, geb. 1947, ist eine führende US-Politikerin der Demokratischen Partei. 2009 wurde sie Außenministerin der Vereinigten Staaten. Seit 1975 ist sie mit Bill Clinton, der von 1993 – 2001 US-Präsident war, verheiratet.*

*Hillary Rodham Clinton*

## Gelebte Geschichte (2003)

Im Jahr 1959 bekam ich in der Schule die Aufgabe gestellt, mein Leben zu beschreiben. Ich war damals zwölf Jahre alt. Auf 29 Seiten erzählte ich in schlecht zu lesender Handschrift von meinen Eltern, Brüdern, Haustieren, Hobbys, meiner Schule, meinen Erlebnissen auf dem Sportplatz und meinen Plänen für die Zukunft. Ich wollte Lehrerin oder Atomphysikerin werden. Lehrer würden gebraucht, um „junge Bürger zu bilden“ und „ein richtiges Land“ aufzubauen. Und Amerika benötigte Wissenschaftler, da „die Russen etwa fünfmal so viele haben wie wir.“ Ich war ein Produkt meines Landes und meiner Zeit und trug in den Planungen für meine persönliche Zukunft den Wertvorstellungen meiner Eltern Rechnung.
42 Jahre später begann ich erneut, meine Biografie zu schreiben. Sie sollte von den acht Jahren handeln, die ich mit Bill Clinton im Weißen Haus verbrachte. Doch mir wurde rasch klar, dass ich mein Leben als First Lady nicht erklären konnte, ohne zu den Anfängen zurückzukehren. Meine öffentlichen und privaten Handlungen und Reaktionen in den Jahren 1993 bis 2001 hatten ihren Ursprung in meiner Erziehung, in meiner Bildung, meinem Glauben und all dem, was ich bis dahin über das Leben und die Politik gelernt hatte. Ich war als Tochter eines überzeugten Konservativen und einer liberalen Mutter aufgewachsen, engagierte mich erst bei den Republikanern, war Studentenaktivistin und

wechselte schließlich zu den Demokraten. Ich kämpfte für die Rechte der Kinder, der Frauen und die Menschenrechte und arbeitete als Rechtsanwältin. Und ich bin Ehefrau und Mutter. Diese Erfahrungen machten mich zu der Frau, die ich heute bin. [...]
Ich weiß aus eigener Erfahrung, wie schwer es Frauen fällt, all die widersprüchlichen Forderungen, Entscheidungen und Tätigkeiten, mit denen sie täglich konfrontiert sind, miteinander in Einklang zu bringen. Unabhängig davon, welchen Weg wir gewählt haben, leben wir ständig mit jener inneren Stimme, die unsere Entscheidungen in Frage stellt, und mit bohrenden Schuldgefühlen. Ich war in meinem Leben Ehefrau, Mutter, Tochter, Schwester, Schwägerin, Studentin, Rechtsanwältin, eine Vorkämpferin für die Rechte des Kindes, eine Rechtsgelehrte, eine Methodistin, eine politische Beraterin, eine Bürgerin und vieles mehr gewesen. Nun war ich obendrein ein Symbol der amerikanischen Nation – und das war eine neue Erfahrung.
Auch wenn ich mir Gedanken über viele Dinge, mit denen wir im Weißen Haus konfrontiert sein würden, gemacht habe, so hatte ich doch nie erwartet, dass mein Versuch, als First Lady den mir angemessenen Platz zu finden, derart viele Kontroversen auslösen würde. Ich selbst betrachtete mich in mancher Hinsicht als traditionell, in anderer als unkonventionell. Ich machte mir Gedanken über das Essen, das ich unseren Gästen servierte, und ich dachte darüber nach, wie die medizinische Versorgung aller Amerikaner sichergestellt werden konnte. Zwischen meinen Interessen und Aktivitäten konnte ich persönlich keinen Widerspruch erkennen. Die amerikanische Öffentlichkeit sah das allerdings anders. In einer Ära des Wandels der Geschlechterrollen war ich Amerikas wichtigstes „Ausstellungsstück“.
Die Überwachung war total. Seit ich im Juli 1992 unter dem Schutz des Secret Service am demokratischen Konvent in New York teilgenommen hatte, versuchte ich, mich mit dem Verlust meiner Anonymität zu arrangieren. Gelegentlich setzte ich eine Sonnenbrille auf und stahl mich im Trainingsanzug und mit einer Baseballkappe auf dem Kopf aus dem Weißen Haus. Ich liebte es, auf der Promenade zu flanieren und mir die Denkmäler anzusehen oder auf dem Fahrrad am C&O Canal in Georgetown entlangzufahren. In zähen Verhandlungen überzeugte ich den Secret Service, mein Bewachungsteam auf einen Agenten zu reduzieren, [...]. Doch bald fand ich heraus, dass für alle Fälle stets einer jener schwarzen Vans mit Agenten in der Nähe war. Wenn ich mich schnell bewegte, waren sich selbst Menschen, die mich zu erkennen glaubten, ihrer Sache nicht ganz sicher. [...]
Die Augenblicke der erholsamen Anonymität waren ebenso flüchtig wie die Zeit, die ich mit engen Freunden verbringen konnte.

Hillary Rodham Clinton: Gelebte Geschichte. Aus dem Amerikanischen von Stephan Gebauer und Ulrike Zehetmayr. S. 9, S. 34, S. 193 © Econ Verlag in der Ullstein Buchverlage GmbH, Berlin.

**8 Lesen Sie den Text und bearbeiten Sie dann die Aufgaben.**

a) Fassen Sie die Auszüge aus Hillary Clintons Autobiografie kurz zusammen.
b) Wie stellt sie sich in diesen Textauszügen selbst dar?
★ c) Beschreiben Sie Clintons Stil und Sprache. Was will sie wohl bei den Lesern damit erreichen?

# Zwischentest

**1 Bearbeiten Sie die Rede von Gustav Heinemann (deutscher Bundespräsident 1969–1974), die er 1970 in Bremen hielt.**

a) Geben Sie kurz den Inhalt der Rede des damaligen Bundespräsidenten wieder.
b) Beschreiben Sie, was Heinemann unter „Traditionen" versteht und was nicht.

*Gustav Heinemann*

Ich weiß, dass ich schon längst durch einige kritische Äußerungen oder auch nur durch skeptisches Infragestellen von manchem, was bisher unbesehen fortgeführt worden ist, bei einigen konservativen Gemütern in den Verdacht geraten bin, ein „Bilderstürmer" zu sein. Ich kann es aber beispielsweise nicht ganz ernst nehmen, wenn meine Abneigung gegen rote Teppiche oder gegen die vollständige Beherrschung der Neujahrsempfänge beim Bundespräsidenten durch Politiker und hohe Beamte als Gegnerschaft zu Traditionen schlechthin gedeutet wird. Ich weiß sehr wohl, dass alle geistigen, gesellschaftlichen, kulturellen und politischen Gegebenheiten auch auf Traditionen gründen. Sogar das, was wir Umbrüche, Revolutionen und Reformen nennen, beruht nicht selten darauf, dass Erkenntnisse oder Forderungen früherer Tage neu aufgegriffen oder weitergeführt werden.

Traditionen sind mit anderen Worten keineswegs das Privileg konservativer Kräfte. Noch weniger gehören sie in die alleinige Erbpacht von Reaktionären, obgleich diese am lautstärksten von ihnen reden. Auch ist es sehr wohl möglich, bestimmte Vorgänge sehr verschieden zu deuten und – was vollends interessant ist – für sehr unterschiedliche Traditionsauffassungen in Anspruch zu nehmen. Es kann – so meine ich – nicht um die Frage gehen: Tradition ja oder nein? Die Alternative besteht vielmehr darin, an welche Traditionen angeknüpft werden soll und in welchem Sinne wir eines historischen Vorganges gedenken.

10

6

**2 Nennen Sie wichtige Angaben und Gesichtspunkte, die in der Einleitung und beim Schluss einer Textwiedergabe berücksichtigt werden sollten.**

★ **3 Erläutern Sie kurz die folgenden Begriffe**

a) Essay
b) Intention
c) Autobiografie
d) Textanalyse
e) Rhetorik

5

5

**4 Nennen Sie mindestens vier verschiedene journalistische Textsorten und erläutern Sie, wie seriöse Zeitungen mit Berichten und Meinungsäußerungen umgehen.**

26 **Gesamtpunktzahl**

Kontrollieren Sie Ihre Ergebnisse mithilfe der Lösungen (S. 119) und addieren Sie die erreichten Punkte.

☐ 26 bis 21 Punkte: ☺ ☐ 20 bis 14 Punkte: 😐 ☐ 13 bis 0 Punkte: ☹

# Die Erörterung

## Vorschau

→ Unterschiedliche Arten von Erörterungen
→ Inhaltsangabe und Textwiedergabe
→ Einleitung, Hauptteil und Schluss

## Formen der Erörterung

**REGEL:** Man unterscheidet:

1. Die **freie Erörterung**, die man früher auch „Besinnungsaufsatz" nannte: Hier geht es darum, unabhängig von einem Text, eine **Fragestellung** zu erörtern.
2. Die **textgebundene Erörterung** (auch: „Texterörterung"): Dabei müssen Sie eine Problemstellung, ausgehend von einem vorliegenden Textausschnitt (meist ein Zeitungsartikel, manchmal ein Teil eines Essays), erörtern.
   Hier müssen Sie zunächst den Text und den Gedankengang des Autors wiedergeben und dann die dem Text zugrunde liegende Fragestellung erörtern.

Diese beiden Formen der Erörterung können jeweils auf zwei verschiedene Arten durchgeführt werden:

a) In Form der (nicht so häufig geforderten) **linearen Erörterung** (auch: „steigende Erörterung"), bei der eine These durch Argumente begründet werden soll, ohne dass Gegenargumente berücksichtigt werden müssen.

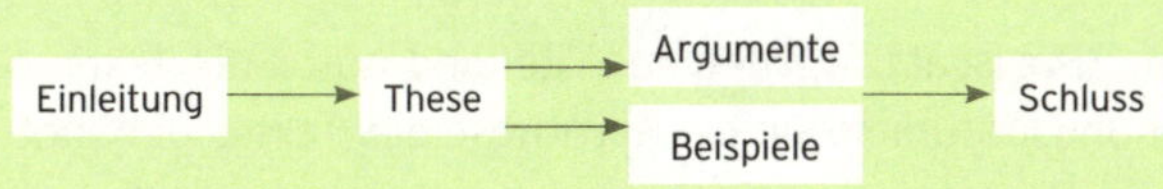


b) In Form der eigentlichen **dialektischen Erörterung**, bei der ein Thema mit Argumenten und Gegenargumenten (Pro und Kontra) kontrovers diskutiert werden muss.

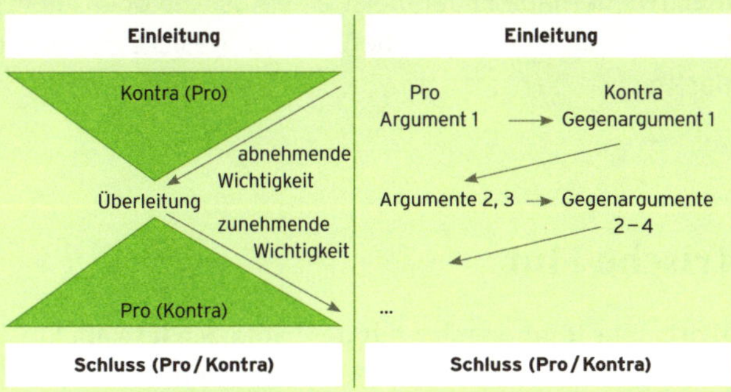


**Beispiel:** *Folgendes Thema fordert eine lineare Erörterung:*
*Eine gute Schulbildung ist heute ganz besonders wichtig.*
**Beispiel:** *Folgendes Thema fordert eine dialektische Erörterung:*
*Erörtern Sie Vor- und Nachteile der Schulbildung, wie sie heute vermittelt wird.*

# Inhaltsangabe / Textwiedergabe

Die Grundlage für jede Texterörterung bildet die Inhaltsangabe. Dabei müssen Sie auf einige Dinge unbedingt achten:

**REGEL:**

- Im Gegensatz zur Nacherzählung ist die gesamte Textwiedergabe im Präsens geschrieben; Vorgänge aus der Vergangenheit stehen im Perfekt, nicht im Imperfekt und schon gar nicht im Plusquamperfekt.
- Benutzen Sie stets nur die indirekte, nie die direkte Rede.
- Längere Zitate gehören nicht in die Textwiedergabe, höchstens darf einmal ein Kurzzitat eingeflochten werden.
- Nach Möglichkeit müssen die Aussagen des Autors paraphrasiert, also in eigenen Worten wiedergegeben werden.
- Nur Wesentliches kommt in die Textwiedergabe, Details und Beispiele bleiben draußen, Wiederholungen sind unbedingt zu vermeiden.
- Die Sprache ist nüchtern-sachlich und um äußerste Objektivität und Inhaltstreue bemüht.
- Bewertungen und eigene Meinungsäußerungen haben in der Textwiedergabe nichts zu suchen.
- Die Textwiedergabe ist logisch und nachvollziehbar aufgebaut. Ihre Reihenfolge muss nicht der Reihenfolge des Textes entsprechen.
- Auch die Textwiedergabe wird normalerweise in Einleitung, Hauptteil und Schluss gegliedert.
- Im Einleitungssatz (Basissatz) werden der Titel und Autor, die Textsorte und die Quelle mit dem Erscheinungsdatum sowie die Kernthese des Textes genannt. Gegebenenfalls, vor allem, wenn ein Prosatext zugrunde liegt, werden noch der Ort, die Zeit und die Hauptpersonen der Handlung erwähnt.
- Den Schluss der Textwiedergabe bildet meist eine Aussage über die vermutete Intention des Textes. Sie müssen also angeben, welche Absicht der Autor mit dem Text verfolgt haben dürfte.

*Ernst Elitz (2004)*

## Des Lebens frische Flut

Ich lese im Strandkorb oder lümmle mich auf dem Sofa, ich lese am knisternden Kamin oder eingeklemmt auf einem Flugzeugsitz, ich lese bei einer Wander-Rast, hingestreckt auf einer grünen Wiese, ich lese abends im Bett, bevor der Schlaf mich übermannt. Wie schön, dass es Bücher gibt. Kein Laptop kann sie ersetzen. Und auch kein fest installierter PC. Der Bildschirm flieht das Sonnenlicht. Ein Buch hasst das Dunkel. Es passt sich unserer Bequemlichkeit an, der Computer dagegen verlangt, dass wir ihm schon mit unserer Körperhaltung Respekt erweisen. Rein wirbelsäulentechnisch ist die Lektüre am PC eine Katastrophe.

Wie schön, dass es Zeitungen gibt, die am Frühstückstisch Marmeladenflecken vertragen und denen auch eine umgestürzte Kaffeetasse nichts ausmacht. Ein Laptop zwischen Müsli, Rührei und Butterdose würde schnell seinen Geist aufgeben. Jede digitale Zeitung, die uns morgens alle Neuigkeiten per Datenstrom ins Haus bringt, müsste vor meinen Frühstücksgewohnheiten kapitulieren. Zeitungen lesen wir auf dem Weg zur Arbeit, stehend im schwankenden Bus oder an der Bahnsteigkante. Und selbst ein Blick auf die Schlagzeile, die der Nachbar buchstabiert, macht uns fit für das Gespräch in der Mittagspause.

Nichts ist so beständig wie das gedruckte Wort. Die Gesänge des Odysseus und die Untaten der Atriden hätten auf einer Festplatte die Jahrtausende kaum überlebt. Goethes Werke – gedruckt und in Leinen gebunden – konnte kein Virus zerstören. Der Computer hilft heute den Forschern, Hölderlins Handschriften zu entziffern. Doch wer will sich vorstellen, wie der Hymnendichter auf einer grauen Tastatur Zeichen auf Zeichen setzt und den Überschwang seiner Verse mit der Löschtaste bändigt: „Des Weins Gewächs verschmäht die kühlen Tale“ / des „Lebens frische Flut“ passt nicht ins Digitale.

Ein Buch ist ein Kunstwerk. Lesen wird zum Genuss. Aus dem Computer aber quellen täglich Millionen von Zeichen in einer ermüdenden Einheitsnorm, und an der Zeichenflut ist schwer zu erkennen, ob gerade die Paragrafen eines Steuergesetzes oder ein Gedicht über den Bildschirm flimmern. Die von Techno-Fantasten ersonnene digitale Unterschrift tötet den letzten Rest an Persönlichkeit und Fantasie. Hinter jedem Gekrakel stellen wir uns einen verklemmten Mitbürger vor. Und eine schöne Handschrift nährt die Illusion, uns begegnet ein Freund von Stil und Geschmack. In Passworten und Zahlenreihen sehen uns keine lebendigen Menschen an, sondern nur noch geklonte Wesen einer digitalen Welt.

Schadenfroh reibe ich mir die Hände, wenn meine Nachbarn auf Konferenzen in ihrem Notizblock kritzeln, Karos malen und Ecken schraffieren. Jeder Strich mit dem Kuli und jeder schwungvolle Bogen ist ein Aufbegehren menschlicher Kreativität. Buch und Papier sind einfach nicht totzukriegen. Auch die Computerfreaks misstrauen der eigenen Technik. Was einmal gemailt wird, wird nachträglich gefaxt und sicherheitshalber noch per Post übersandt. Anrufer lassen mich wissen, dass sie mir eben eine E-Mail gesandt haben. Andere schicken erschreckt von der E-Mail-Flut die Dokumente ungesehen in den elektronischen Abfallkorb.

Ein Brief ist persönlich. Ein Buch ist ästhetisch. Eine Handschrift wirkt wie ein Händedruck oder wie eine menschliche Stimme. Die Zeitung, die aus der Jackentasche ragt oder die achtlos liegen bleibt, sagt viel über ihren Leser. Bücher im Wohnzimmer bieten Anlass zum Gespräch. Im Zugabteil erkennen wir schon an der Lektüre der Nachbarin, ob ein Flirt mit ihr reizvoll sein könnte. Nur wer Bücher liest, schrieb Umberto Eco, könne das Wissen schätzen und nutzen, das im Computer steckt.

Sonntag Aktuell vom 12. September 2004

**1 Fassen Sie die wesentlichen Aussagen des vorliegenden Textes zusammen.**

★ **2 Erörtern Sie die angeführten Argumente und beziehen Sie abschließend selbst Stellung.**

# Der Aufbau der Erörterung

## Die Einleitung

„Aller Anfang ist schwer!" – Dieses alte Sprichwort gilt auch und besonders für das Schreiben einer Einleitung zu einer Texterörterung. Vielleicht ist es Ihnen schon einmal so gegangen: Sie möchten endlich mit dem Schreiben beginnen, aber es fällt Ihnen partout kein passender Einstieg ein. Was tun?

**REGEL: Wie finde ich eine gute Einleitung?**

- Suchen Sie nach einem aktuellen Bezug, der in das Thema hineinführt. Manchmal kann das auch eine persönliche Erfahrung sein, die allerdings verallgemeinerungsfähig sein muss.
- Überlegen Sie sich ein Beispiel aus der Vergangenheit, das in einem Bezug zum Thema steht.
- Falls Ihnen gar nichts Passendes einfällt, gehen Sie gleich mitten in die Sache hinein und beginnen Sie mit der Kernthese des Textes, die erörtert werden soll.
- Wenn es trotz alledem mit der Einleitung nichts werden will, ist es besser, fürs erste etwa eine halbe Seite frei zu lassen und dann gleich mit dem Hauptteil zu beginnen. Die Einleitung schreiben Sie dann erst am Schluss, wenn die restliche Erörterung fertig ist. Manchmal sind auf diese Weise schon wirklich gute Einleitungen zustande gekommen, was nicht verwunderlich ist, da man ja am Ende genau weiß, was man alles geschrieben hat.

PS: Am Ende der Einleitung ist es sinnvoll, das Thema der Erörterung noch einmal in eigenen Worten zu formulieren. Dies ist dann zugleich eine ideale Überleitung für den Hauptteil.

## Der Hauptteil

Der Hauptteil bildet den Kern Ihrer Erörterung. Bei einer Texterörterung müssen Sie zunächst den Text zusammenfassend wiedergeben und beschreiben. Bei der eigentlichen Erörterung ist es wichtig, dass Sie differenziert und ausgewogen argumentieren. Hüten Sie sich also vor Einseitigkeiten und pauschalen Urteilen! Achten Sie ferner darauf, dass Sie Ihre Argumente möglichst an konkreten Beispielen illustrieren.

Ansonsten ist es in der Regel sinnvoll, in einer Erörterung nach der sogenannten Ping-Pong-Methode zu verfahren. Diese Methode bedeutet, dass Sie Pro- und Kontra-Argumente sich abwechseln lassen. Bei der Reihenfolge der Argumente beginnen Sie nicht gleich mit dem stärksten, sondern heben Sie sich dies für das Ende des Hauptteils auf.

## Der Schluss

Wenn man endlich den Hauptteil abgeschlossen hat, möchten viele am liebsten gleich abgeben. So verständlich das sein mag, machen Sie das nicht! Gedulden Sie sich bitte noch etwas und runden Sie Ihre Arbeit richtig ab! Zu einer guten Arbeit gehört nämlich ein gelungener Schluss. Hierfür gibt es mehrere sinnvolle Möglichkeiten.

TIPP

**Was gehört in einen guten Schluss?**

- Sie schreiben eine Art Resümee, in dem Sie die wichtigsten Ergebnisse Ihrer Argumentation in einem Gesamturteil zusammenfassen.
- Falls in der Aufgabe eine persönliche Stellungnahme gefordert wird, ist Ihnen der Schluss schon vorgegeben. Achten Sie dabei aber darauf, dass sich Ihre Meinung schlüssig aus der vorangehenden Argumentation ergibt und dass sie ausgewogen und nicht einseitig ist.
- Den Schluss können auch allgemeine Betrachtungen zu der zentralen Fragestellung bilden, die erörtert werden musste. Vielleicht können Sie eine Konsequenz oder eine neue Problemstellung andeuten, die sich aus Ihren Ausführungen ergibt.

## Einleitung und Schluss miteinander verbinden

TIPP

Besonders elegant ist es, wenn Sie am Schluss Ihrer Arbeit auf die Einleitung zurückkommen und das Beispiel, das Sie als Aufhänger benutzt haben, noch einmal aufgreifen. Diese Methode, die Anfang und Ende eines Artikels miteinander verknüpft, finden Sie in sehr vielen Zeitungsartikeln. Achten Sie einmal darauf, wie oft dieser Kunstgriff benutzt wird. Und dann probieren Sie es doch selbst einmal aus, wie es ist, Einleitung und Schluss aufeinander zu beziehen.

**Beispiel:** *Ein Zeitungsartikel über das nur mäßig interessante Thema „Lebensmitteldosen" leitete der Journalist folgendermaßen ein: „Es gibt Lebenslagen, da entwickelt eine Dose mit essbarem Inhalt einen unwiderstehlichen Charme. Zum Beispiel abends beim Lagerfeuer auf einem wildromantischen Zeltplatz."*
*Danach erörtert der Autor ausführlich die Vor- und Nachteile von Konservendosen, die er insgesamt eher ablehnt. Seinen Artikel beschließt er mit folgender Einschätzung: „Auf komplette Fertiggerichte aus der Dose sollte man daher verzichten. Außer man befindet sich gerade auf einem wildromantischen Zeltplatz."*

# Erörterung von Zeitungsbeiträgen

**REGEL:** Wenn Sie **argumentieren**, stellen Sie eine oder mehrere Thesen auf, das sind Aussagen, die behauptenden, wertenden oder empfehlenden bzw. fordernden Charakter haben. Diese Thesen versuchen Sie durch Argumente zu stützen.
Argumente können Fakten-, Wert- oder Autoritätsargumente sein.
- **Faktenargumente:** Hinweise auf Tatsachen, die auf Erfahrungen beruhen oder mit wissenschaftlichen Erkenntnissen oder statistischen Untersuchungen abgesichert sind
- **Wertargumente:** Begründungen/Aussagen, die auf allgemein anerkannte Werte und Normen zurückgreifen, wie Meinungsfreiheit, Menschlichkeit ...
- **Autoritätsargumente:** Berufung auf Autoritäten und Experten, zum Beispiel Politiker, Wissenschaftler, Prominente ...

*Günter Ozdyk (2004)*

## Geiz ist geil!

Ist das wirklich so, sind die Verbraucher wirklich so geworden? Kann man mit Aussagen, die noch vor einer Generation unmöglich und gegen jedes Gefühl von Anstand gewesen wären, Kunden gewinnen? Vielleicht ein sehr deutliches Zeichen für Werteverfall in unserer Gesellschaft? Vielleicht resignieren Verbraucher ja auch vor der Übermacht und ertragen diese und ähnliche Beleidigungen. Es scheint nicht einmal die logische Reaktion, bei solchen Unternehmen nicht mehr zu kaufen, einzutreffen. Nur weil es viele Menschen gibt, die nicht geizig sind mit ihrem Geld, ihrer Zeit, ihrer Begabung und ihrer Liebe, überleben andere Menschen in schwierigen Zeiten. Schreckliche Vorstellung, wenn man daran denkt, jeder würde sich so verhalten, wie die Werbung uns einredet. Geiz ist geil! Täglich verhungern 18.000 Kinder auf dieser Welt, denen durch Geld geholfen werden könnte. Geiz ist geil! Elf Millionen Kinder sterben jährlich an vermeidbaren Krankheiten. Eine Frage des Geldes. Geiz ist geil! Kinder in vielen Ländern knüpfen Teppiche, die in deutschen Geschäften billig angeboten werden, arbeiten in Bergwerken oder auf Plantagen. Kinderarbeit zerstört die Zukunftsaussichten von Millionen von Kindern, weil sie keine Möglichkeit haben, eine Schule zu besuchen. Die Produkte kommen billig auf unsere Märkte. Geiz ist geil!
Für Bauern in vielen Ländern gibt es nur eine Chance zum Überleben, Anbau von Rauschgift. Die Preise, die Händler für Lebensmittel zahlen, reichen halt nicht zum Überleben aus. Dieses Rauschgift taucht dann bei uns in Europa auf. Geiz ist geil! Obdachlose leiden gerade im Winter extrem. Vielen könnte durch Geld geholfen werden. Geiz ist geil!
Arbeitslose werden in unserer Gesellschaft ausgegrenzt und verlieren jegliche Perspektive. Viele von ihnen sind betroffen, weil Gewinne von Unternehmen maximiert werden. Geiz ist geil!
Wir Menschen haben doch eigentlich von Gott ein feines Gespür dafür bekommen, was richtig und was falsch ist. Achten Sie auf dieses Gespür und lassen Sie sich nichts vormachen. Auch diese Werbung wird vergehen.

**3** **Lesen Sie den Kommentar von Günter Ozdyk und erschließen Sie ihn durch Markieren der Schlüsselwörter, Klären unbekannter Begriffe, Gliedern in Sinnabschnitte und Zwischenüberschriften.**

**4** **Was will der Autor Günter Ozdyk mit seinem Kommentar erreichen (Ziel)? Wen spricht er an (Adressat)? Von welchen Thesen geht er aus?**

**5** **Welche inhaltlichen und sprachlichen Mittel verwendet er, um dem Leser seine Position zu verdeutlichen?**

*Ozdyk beginnt seinen Kommentar mit drei einleitenden Fragen, die indirekt den Schreibanlass begründen (Z. 1–4)*

★ **6** **Untersuchen Sie den Kommentar von Ozdyk daraufhin, welche Art von Argumenten er einsetzt, um seinen Standpunkt bzw. seine Thesen zu begründen.**

**REGEL:** In den Medien werden Standpunkte mit verschiedenen Zielsetzungen vertreten: um öffentlich eine Meinung zu äußern, um andere wachzurütteln, um zu appellieren oder um wertend Stellung zu einem aktuellen Sachverhalt, Ereignis oder Thema zu nehmen. In Kommentaren oder Leserbriefen setzen sich die Schreiber mit einem Sachverhalt auseinander und stellen die eigene Position dar. Auch in satirischen Texten wie Glosse, Parodie, Satire und Karikatur wird aufgrund der übertriebenen Darstellung indirekt die Kritik des Schreibers deutlich.

*Stephan Gutzeit*

## Mit Goethe zum Gewinn

**Warum sollten künftige Führungskräfte Goethe, Shakespeare oder Rousseau gelesen haben?**

Mit Goethe zum Gewinn? Vor einigen Jahren veröffentlichte diese Zeitung eine Literatursammlung mit diesem Titel. Er war geschickt gewählt: Literatur und Management, zwei getrennte Welten, ein Oxymoron. Nicht so in Amerika. Dort kann niemand eine Business School besuchen, ohne vorher an einem College eine breite wissenschaftliche Allgemeinbildung erworben zu haben – zu der auch „The Sorrows of Young Werther“ gehören. Daher findet man in amerikanischen Beratungsunternehmen und Investmentbanken, und zwar gerade in den besten, auch Philologen, Physiker und Politikwissenschaftler. Und umgekehrt: Ich erinnere mich an meinen Nachbarn in einem Gräzistik-Seminar an der Harvard-Universität, Wallstreet-Banker im Ruhestand, der vierzig Jahre nach dem Studium seine Leidenschaft für Heraklit und Parmenides auffrischen wollte. Auch sind amerikanische Business Schools immer in Universitäten eingebettet. Hierzulande dagegen werden fortwährend sogenannte, angeblich amerikanischen Vorbildern nachempfundene Business Schools errichtet, an denen man vom ersten Semester an nur Betriebswirtschaftslehre studiert, umgeben von nichts als Betriebswirten. Dadurch wird intellektuelle Inzucht zum Prinzip erhoben, und die in Deutschland ohnehin vorhandene Sprachlosigkeit zwischen Wirtschaft, Wissenschaft und Politik weiter verstärkt. Was gewinnt ein Manager der Goethe liest – oder auch Dante, Shakespeare, Rousseau und Tolstoi? Wer diese Texte liest, begreift und sich mit ihnen auseinandersetzt, dem ist nichts Menschliches mehr fremd; der versteht andere besser und auch sich selbst. Das ist nicht wenig für einen Menschen, dem die Führung anderer obliegt. Wer darüber hinaus Literatur regelrecht studiert, sie also mit Disziplin und Einfühlungsvermögen analysiert, mit Gleichgesinnten bespricht und dann selbst Schriften verfasst, lernt gut und klar zu schreiben, zu reden und zu denken: keine unbedeutende Schlüsselqualifikation auch das. Nicht zuletzt gewinnt er eine neue Auffassung von Gewinn, indem er versteht, dass neben Zahlen und Fakten auch anspruchsvolle Inhalte, ein guter Stil, nachhaltige Lebensqualität und andere „weiche Faktoren“ gerade für besonders begabte und motivierte Menschen wichtig sind – woraus folgt, dass er diese Momente verstehen muss, durchaus auch im Interesse der Bilanz seines Unternehmens, also des Gewinns im engeren Sinne. Gerade die geistes- und sozialwissenschaftlichen Seminare unserer Universitäten sind überfüllt. Viele Studenten schreiben sich aus Verlegenheit für diese Fächer ein, sehen die Universität als Wärmehalle, die sie schützt vor der Arbeitswelt. Nicht wenige Professoren reden von „Lehrbelastung“, die sie abhält von den Freuden und Fleischtöpfen der Forschung. Die Institute sind unterfinanziert, die Räumlichkeiten wenig ansprechend, die Mauern mitunter von Graffiti überzogen. Kann man es Managern in spe also verargen, dass sie ohne zu zögern eindimensionale Business Schools bevorzugen? Neuerdings schon. So wie Odysseus zwischen dem Seeungeheuer Skylla und dem reißenden Strudel Charybdis hindurch auf das offene Meer segelte, kann der ambitionierte Student ab sofort die betriebswirtschaftliche Monokultur rechts und die triste, weit hinter ihren Möglichkeiten zurückbleibende universitäre Vielfalt links liegenlassen. Denn es gibt bereit Initiativen an Wirtschaftshochschulen, deren Leitung eingesehen hat, dass Wirtschaftswissen allein noch keine Führungspersönlichkeit hervorbringt. Die Universität St. Gallen beispielsweise hat gerade ein obligatorisches, humanistisches „Kontextstudium“ eingeführt, das für angehende Betriebswirte immerhin ein Viertel des Studiums ausmacht. Andererseits bringt das in Berlin neu gegründete European College of Liberal Arts (ECLA) das angelsächsische College-Modell nach Deutschland. Studenten können dort ein intensives, kleingruppenorientiertes und internationales Studium der Geistes-, Natur- und Sozialwissenschaften mit dem Erwerb von Wirtschafts- und Managementkompetenz verbinden.

Stephan Gutzeit. In: Frankfurter Allgemeine Zeitung vom 29.Dezember 2001, Nr. 302, S. 57

**7** **Zeichnen Sie den Gedankengang des Autors nach und machen Sie deutlich, warum er die Beschäftigung mit Literatur für so wichtig hält.**

**8** **Erörtern Sie die von dem Autor aufgeworfene These, dass das Studium guter Literatur unentbehrlich ist.**

★ **9** **Nehmen Sie selbst kurz Stellung.**

# Problemerörterung

**TIPP**

**Wichtige Hinweise für die Problemerörterung und die Stellungnahme zu einer Meinung:**

1. Formulieren Sie zu Beginn das Thema / die Problemstellung als Frage in eigenen Worten und klären Sie die Schlüsselbegriffe.
2. Stellen Sie sich Fragen (W-Fragen!), um den Sachverhalt genauer zu erschließen.
3. Versuchen Sie, die These des Autors genau zu formulieren und überlegen Sie, welches Ziel / welche Absicht er verfolgt haben könnte.
4. Prüfen Sie, ob der Autor Gegenargumente berücksichtigt oder ob er einseitig argumentiert.
5. Überlegen Sie sich weitere Argumente, die die These des Autors stützen („Pros"), suchen Sie aber unbedingt auch nach Gegenargumenten („Cons").
6. Bilden Sie sich eine differenzierte eigene Meinung: Wo stimmen Sie dem Autor zu, wo sind Sie anderer Meinung?
7. Überlegen Sie, welche Folgerungen und Konsequenzen sich aus dem Text allgemein und vielleicht auch für Sie persönlich ergeben könnten.

*Florian Illies*

## Generation Golf

Der Kauf bestimmter Kleidungsgegenstände ist, wie früher die Lektüre eines bestimmten Schriftstellers, eine Form der Weltanschauung geworden. In dem, was ich kaufe, drückt sich aus, was ich denke, beziehungsweise: In dem, was ich kaufe, drückt sich aus, was die Leute denken sollen, was ich kaufe. Deswegen ist es auch üblich, die schönen Joop!-Tüten noch wochenlang zum Transportieren von ausgeliehenen Büchern aus der Unibibliothek oder beim Umzug zu benutzen, wenn möglichst viele Umzugshelfer sehen, welch Geistes Kind wir sind. Es ist wahnsinnig, aber wir glauben das wirklich: dass wir mit den richtigen Marken unsere Klasse demonstrieren. Wichtig ist, schon beim Einkaufen Coolness zu zeigen. Sehr dankbar waren wir über die Einführung der Kreditkarte, die uns ermöglichte, jederzeit mehr zu kaufen, als wir eigentlich bezahlen konnten. Dennoch zitierten wir im Geiste von American Express: „Bezahlen wir einfach mit unserem guten Namen", und meinten es tatsächlich ein bisschen ernst. Auch sah ich viele junge Frauen in teuren Boutiquen ihre Plastikkarte auf den Tresen knallen, weil sie wussten, wie gut es aussieht, wenn die Frau in dem Werbespot die Visakarte aus ihrem schwarzen Badeanzug zieht, auf den Tisch knallt, und dazu spielt die Musik „Die Freiheit nehm' ich mir". Die Freiheit nehm' ich mir – das ist als Spruch für unsere Generation mindestens genauso wichtig wie das „Weil ich es mir wert bin", mit dem Oliver Bierhoff sein Shampoo anpreist. Hauptsache, so sagen diese Sprüche, mir geht es gut. Oder auch: Wenn jeder an sich denkt, ist an alle gedacht. Und wenn es mir schlecht geht, muss ich mir selber helfen, schließlich bildet inzwischen jeder, wie die Brigitte schrieb, eine Ich-AG. Selbst in Judith Hermanns Erzählungsband „Sommerhaus, später", dessen Gestalten aus der Berliner Bohème eigentlich so gar nichts gemein haben mit den Generationsgenossen, die in Heidelberg und Bonn Jura

studieren, wird deutlich, dass das Kreisen um sich selbst unsere wichtigste Antriebsfeder ist. Nur eine einzige Gestalt in dem Buch kann von sich sagen: „Im Grunde interessiere ich mich nicht für mich selbst.“ Er wird deshalb auch von niemandem verstanden und muss zum Therapeuten. Wir alle glauben, dass kein anderer uns je wirklich verstehen kann. Und wir uns deshalb um so mehr um unser eigenes Seelenheil kümmern müssen. Um die Minenopfer in der dritten Welt kümmerte sich ja Lady Diana, und die Obdachlosen versorgt die Caritas. Die AG Hochschulforschung nennt es dann so: „Westdeutsche Studierende sind gegenüber sozialer Ungerechtigkeit unsensibler geworden. Konkurrenz ist ihnen wichtiger, Solidarität nahezu ein Fremdwort geworden.“
Zwar ist auch die Toleranz ein Wert, den wir hoch schätzen. Schließlich haben wir seit unserer frühesten Jugend auf den Plakaten für United Colors of Benetton gelernt, dass Schwarze und Chinesen auch nette Menschen sind. Das Problem ist nur, dass wir seitdem auch glauben, dass Schwarze und Chinesen nur dann nett sind, wenn sie Benetton-Klamotten tragen. Ansonsten sind sie uns leider egal. Die Toleranz unserer Generation grenzt deshalb oft an Ignoranz. Man akzeptiert etwas nicht, weil man noch Sprüche von Rosa Luxemburg kennt, wonach Freiheit immer auch die Freiheit des Andersdenkenden ist. Man hat vielmehr so viel mit sich selbst zu tun, dass man keine Energie darauf verschwenden möchte, sich über den Lebenswandel anderer Leute zu empören.

---

Florian Illies: Generation Golf. 

**10 Den Text erschließen.**

a) Wie lauten die Schlüsselwörter des Textes von Florian Illies? In welchem Zusammenhang stehen sie zueinander?
a) Welche These vertritt der Autor?
b) Wie argumentiert Illies? Berücksichtigt er auch Gegenargumente?
c) Welche Intention dürfte der Autor verfolgt haben?

**11 Stimmen Sie der Aussage von Florian Illies insgesamt zu?**

........................................................................................................

........................................................................................................

........................................................................................................

........................................................................................................

........................................................................................................

........................................................................................................

........................................................................................................

........................................................................................................

........................................................................................................

........................................................................................................

# Erörterung literarischer Texte

**REGEL:** Neben Sachtexten können auch literarische Texte den Ausgangspunkt einer Erörterung bilden. Dabei geht es meist um eine bestimmte Person, deren **Charakter und Verhalten beschrieben und bewertet** werden muss. Hierfür ist es in der Regel wichtig, die **Handlungssituation**, die **Entwicklung** und das **Umfeld** der Figur zu berücksichtigen. Dies setzt, insbesondere dann, wenn es sich um ein Drama, eine Novelle oder einen Roman handelt, die ausführliche Besprechung des Themas im Unterricht voraus. Bei kurzen Geschichten kann allerdings eine literarische Erörterung ebenso ohne genaue Vorkenntnisse erwartet werden.

*Bertolt Brecht*

## Maßnahmen gegen die Gewalt (1932)

Als Herr Keuner, der Denkende, sich in einem Saale vor vielen gegen die Gewalt aussprach, merkte er, wie die Leute vor ihm zurückwichen und weggingen. Er blickte sich um und sah hinter sich stehen – die Gewalt.

„Was sagtest du?“ fragte ihn die Gewalt.

„Ich sprach mich für die Gewalt aus“, antwortete Herr Keuner. Als Herr Keuner weggegangen war, fragten ihn seine Schüler nach seinem Rückgrat. Herr Keuner antwortete: „Ich habe kein Rückgrat zum Zerschlagen. Gerade ich muß länger leben als die Gewalt.“

Und Herr Keuner erzählte folgende Geschichte:

In die Wohnung des Herrn Egge, der gelernt hatte, nein zu sagen, kam eines Tages in der Zeit der Illegalität ein Agent, der zeigte einen Schein vor, welcher ausgestellt war im Namen derer, die die Stadt beherrschten, und auf dem stand, daß ihm gehören solle jede Wohnung, in die er seinen Fuß setzte; ebenso sollte ihm auch jedes Essen gehören, das er verlange; ebenso sollte ihm auch jeder Mann dienen, den er sähe.

Der Agent setzte sich in einen Stuhl, verlangte Essen, wusch sich, legte sich nieder und fragte mit dem Gesicht zur Wand vor dem Einschlafen: „Wirst du mir dienen?“

Herr Egge deckte ihn mit einer Decke zu, vertrieb die Fliegen, bewachte seinen Schlaf, und wie an diesem Tage gehorchte er ihm sieben Jahre lang. Aber was immer er für ihn tat, eines zu tun hütete er sich wohl: das war, ein Wort zu sagen. Als nun die sieben Jahre herum waren und der Agent dick geworden war vom vielen Essen, Schlafen und Befehlen, starb der Agent. Da wickelte ihn Herr Egge in die verdorbene Decke, schleifte ihn aus dem Haus, wusch das Lager, tünchte die Wände, atmete auf und antwortete: „Nein“.

Bertolt Brecht: Werke. Bd. 12. Frankfurt a. M. 1967. S. 375 f. 
Aus urheberrechtlichen Gründen ist dieser Text nicht in reformierter Rechtschreibung abgedruckt.

★ **12** **Schreiben Sie eine Einleitung und eine eigene Stellungnahme zu Brechts Text.**

*Friedrich Schiller*

## Wilhelm Tell (1804)

*Tell ist entschlossen, den tyrannischen Landvogt Gessler zu töten, der ihn gezwungen hat, einen Apfel vom Kopf seines Sohnes zu schießen.*

[...] Mach deine Rechnung mit dem Himmel, Vogt,
Fort musst du, deine Uhr ist abgelaufen.
Ich lebte still und harmlos – Das Geschoss
War auf des Waldes Tiere nur gerichtet,
Meine Gedanken waren rein von Mord –
Du hast aus meinem Frieden mich heraus
Geschreckt, in gärend Drachengift hast du
Die Milch der frommen Denkart mir verwandelt,
Zum Ungeheuren hast du mich gewöhnt –
Wer sich des Kindes Haupt zum Ziele setzte,
Der kann auch treffen in das Herz des Feinds.
Die armen Kindlein, die unschuldigen,
Das treue Weib muss ich vor deiner Wut
Beschützen, Landvogt – Da, als ich den Bogenstrang
Anzog – als mir die Hand erzitterte –
Als du mit grausam teufelischer Lust
Mich zwangst, aufs Haupt des Kindes anzulegen –
Als ich ohnmächtig flehend rang vor dir,
Damals gelobt' ich mir in meinem Innern
Mit furchtbarm Eidschwur, den nur Gott gehört,
Dass meines nächsten Schusses erstes Ziel
Dein Herz sein sollte – Was ich mir gelobt
In jenes Augenblickes Höllenqualen,
Ist eine heil'ge Schuld, ich will sie zahlen.
Du bist mein Herr und meines Kaisers Vogt,
Doch nicht der Kaiser hätte sich erlaubt,
Was du – Er sandte dich in diese Lande,
Um Recht zu sprechen – strenges, denn er zürnet –
Doch nicht, um mit der mörderischen Lust
Dich jedes Gräuels straflos zu erfrechen,
Es lebt ein Gott, zu strafen und zu rächen [...]
Sonst, wenn der Vater auszog, liebe Kinder,
Da war ein Freuen, wenn er wiederkam;
Denn niemals kehrt' er heim, er bracht' euch etwas,
War's eine schöne Alpenblume, war's
Ein seltner Vogel oder Ammonshorn,
Wie es der Wandrer findet auf den Bergen –
Jetzt geht er einem andern Weidwerk nach,
Am wilden Weg sitzt er mit Mordgedanken,
Des Feindes Leben ist's, worauf er lauert.

– Und doch an euch nur denkt er, lieben Kinder,
Auch jetzt – Euch zu verteid'gen, eure holde Unschuld
Zu schützen vor der Rache des Tyrannen,
Will er zum Morde jetzt den Bogen spannen!

Friedrich Schiller: Wilhelm Tell. Schauspiel in 5 Aufzügen. Reclam (o.J.) S. 86 f.

**13 Informieren Sie sich über den Gang der Handlung in Schillers „Wilhelm Tell" und formulieren Sie danach das zentrale Thema des Dramas.**

**14 Analysieren und erörtern Sie Tells Argumentation. Ist sie überzeugend?**

★ **15 Ist ein Tyrannenmord unter bestimmten Umständen zu rechtfertigen? Beziehen Sie Beispiele aus Geschichte und Gegenwart mit ein.**

*Thomas Brussig*

## Wasserfarben (1991)

*Der Ich-Erzähler ist bei der Familie seiner Freundin Silke zum Abendessen eingeladen. Silkes Eltern mögen ihn nicht und lassen ihn das auch spüren.*

Silke und ich wollten noch weggehen. Wohin, wussten wir noch nicht, und es hätte keinen Sinn gehabt, diese Frage in Gegenwart der Eltern zu klären. Diese Atmosphäre war zu unerträglich, als dass wir länger als unbedingt nötig geblieben wären. Natürlich stöhnte Silkes Mutter noch über den Abwasch, aber das tat sie nur, damit sich Silke irgendwie schuldig fühlt. Die Tour war nicht neu, wahrlich nicht. Aber diesen ganzen Zirkus durchschaute Silke nicht einmal. Sie fühlte sich stattdessen tatsächlich immer irgendwie schuldig.
Als ich Silke in den Mantel half, kam aus der Küche in diesem Eine-Mutter-ruft-ihrer-aus-dem-Haus-gehenden-Tochter-hinterher-Tonfall: „Silke, lässt du die Schlüssel hier, du weißt doch, Papa hat Bereitschaftsdienst und seine Schlüssel verlegt." Ehe Silke etwas sagte, kam ihre Mutter in den Flur. Sie band sich gerade ihre Schürze um und mühte sich mit der Schleife ab, die sie sich auf dem Rücken binden wollte. Sie lächelte Silke an, ging auf sie zu und bat: „Komm, hilf mir mal!" Ich ließ die Klinke wieder los. Die Mutter hatte Silke den Rücken zugewandt, und Silke band eine Schleife. Währenddessen sprach Silkes Mutter weiter, und zwar in einem Tonfall, der so anständig klang, dass jede Widerrede taktlos wirken musste. „Papa kann deinen Schlüssel nehmen. Wir bleiben auf, bis du wiederkommst." Das war schon wieder so ein Manöver. Es war jetzt viertel vor neun, und Silkes Mutter wusste genausogut wie ich, dass Silke spätestens ab halb elf nur ans Nachhausegehen denkt – um ihre Eltern den Schlaf zu gönnen. Sie wollte nicht so recht antworten und fragte: „Kannst du nicht Papa deinen Schlüssel geben?"
Die Mutter hatte sich wieder zu uns umgedreht und sah Silke ins Gesicht. Sie war fast einen Kopf kleiner als Silke.
„Ich muss doch nachher nochmal mit dem Hund raus, und wenn just in diesen zwanzig Minuten Papa angerufen wird, muss er doch das Haus abschließen können, wenn er

geht – Sieh mal, wir bleiben doch auf, bis du wieder kommst, da brauchst du doch keinen Schlüssel."
Man konnte wirklich glauben, es drehte sich allen Ernstes einzig um den Schlüssel, denn sie sagte das alles sehr schön gespielt freundlich und bittend und kein bisschen ungeduldig. Ich setzte in demselben Tonfall, an Silke gewandt, fort: „Und wenn es doch etwas später werden sollte, kannst du auch bei mir schlafen."
Ich muss verrückt gewesen sein. Echt. Ich bin der verrückteste Mensch, den ich kenne. Fragen Sie mich nicht, was das sollte. Es war nur so eine bekloppte Provokation. Dieses scheinheilige Getue von Silkes Mutter war mir nämlich wirklich über. Ich kann Ihnen sagen, ich hatte die Nase voll von diesem Getue. Im Ernst. Natürlich ging meine Bemerkung nach hinten los und so. Wissen Sie, Silke ist nämlich gegen Provokationen. Sie war ziemlich betroffen darüber, dass ich mich in diesem Stil mit ihrer Mutter anlegte. Naja, und ihre Mutter machte auf Fassungslosigkeit. Sie trug ganz schön dick auf. Sie gab sich allergrößte Mühe, fassungslos zu sein. Sie machte einen auf hektische Fassungslosigkeit und kriegte es auch ganz gut hin. Sie war sicherlich viel zu angespannt, um etwa sprachlos zu sein. Genaugenommen war sie sogar froh, sich endlich echauffieren zu können.
Natürlich hatte auch Silkes Vater seinen Auftritt. Der Ernährer der Familie [...] sagte zu Silke, sie solle heut Abend besser ganz zu Hause bleiben, und zu mir sagte er, er hätte es ganz gerne, wenn ich jetzt ginge. Natürlich hatte ich keine Chance mehr. Ich hatte voll verspielt. Trotzdem sagte ich noch zu Silke, sie soll jetzt einfach mitkommen, damit diese Bevormundung jetzt endlich mal aufhört, und wenn sie sich das alles gefallen lässt, dann hört das nie auf und so. Ich wusste natürlich, dass ich keine Chance mehr hatte, und war ziemlich verzweifelt. Ich hätte mich noch stundenlang über die Verlogenheit der Eltern auslassen können, aber als ich sagte, sie anflehte, sie soll doch bitte, bitte mitkommen, schüttelte sie nur den Kopf, mit einem ganz, ganz traurigen Gesicht. [...]
Ich stelle mir manchmal vor, dass ich sie anrufe oder rumkomme und sie sich riesig freut und sagt, dass sie nicht verstanden hat, warum ich untergetaucht bin. Dieser Gedanke macht mich krank. Im Ernst. Aber ich werde mich trotzdem nicht bei ihr melden. Es geht einfach nicht. Ich bringe es nicht fertig. Das zeugt wahrscheinlich nicht gerade von menschlicher Größe.
Manchmal wünsche ich mir, ich wäre ein Macho oder sonst wer, eben einer, dem solche Geschichten nichts anhaben können. Einer, der in der Bar sitzt, seine letzte Zigarette ausdrückt, die Kellnerin „Schätzchen" nennt, seinen Hut aufsetzt, den Trenchcoat über den Arm legt und dann seinen Weg durch die Nacht geht. Leider bin ich nicht der Typ dafür. Manchmal versuche ich es. Aber an der nächstbesten Ecke renne ich schon wieder, weil ich meine S-Bahn kriegen muss. Ich eigne mich offenbar nicht zum eisenharten Macho.

Aus: Thomas Brussig: Wasserfarben.  S. 56–58, S. 74


**16 Wichtige Fragen an den Text.**

a) Welcher Konflikt beschäftigt den Ich-Erzähler in dem vorliegenden Text?
b) Warum hat er Silkes Eltern provoziert?
c) Wie erscheint der Erzähler in seiner eigenen Darstellung?
d) Hätte der Protagonist besser anders handeln sollen? Wie?
e) Wie beurteilen Sie den Ich-Erzähler?

# Zwischentest

**1 Arbeiten Sie aus dem vorliegenden Text die Kernthese heraus und suchen Sie nach weiteren Belegen und Beispielen, die die Meinung der Autorin stützen. Stimmen Sie ihr insgesamt zu?** 5

*Susan Neiman*

## Optimismus ist gut, Hoffnung ist besser

Optimismus kann man nicht lernen, man sollte es wahrscheinlich nicht einmal versuchen. Die Fähigkeit zur Hoffnung ist viel wichtiger und prinzipiell durch Vernunft erreichbar. Optimismus setzt voraus, dass die Welt schon so ist, wie wir sie uns vorstellen; Hoffnung ist dagegen die Voraussetzung unserer Versuche, sie zu verändern. Hoffnung braucht manchmal Zeichen – das wusste schon Kant, der sich als Melancholiker bezeichnete. Wenn wir nicht gelegentlich Beweise dafür finden, dass die Menschheit die Welt tatsächlich verbessern kann, ist die Hoffnung darauf nichts anderes als Wunschdenken. Solche Zeichen zu suchen ist alles andere als modisch und erfordert Mut: Wer heute von Fortschritt redet, wird meist als Antwort Hohn ernten. Es ist leicht, Beispiele für den Niedergang aufzuzählen, egal, ob sie das eigene Land oder die Menschheit im Allgemeinen betreffen. Da helfen nur globale und historische Perspektiven. In Deutschland wird leicht vergessen, wie viel in den vergangenen 60 Jahren geleistet wurde. Die Wiedervereinigung ist unvollkommen, die Vergangenheitsbewältigung der NS-Zeit wohl auch – doch Wiedervereinigung und Aufarbeitung der NS-Zeit haben auch außergewöhnliche Leistungen hervorgebracht, die im Ausland mit viel mehr Respekt beobachtet wurden, als die Deutschen selbst dafür zeigen. Der Blick ins Ausland hilft, den Unmut über den unvollkommenen Wohlstand zu relativieren. Vergleiche mit anderen Ländern und Epochen sollen nicht zum Optimismus im Sinne von Leibniz führen: Wir leben nicht in der besten aller möglichen Welten. Aber die Welt, in der wir – vor allem in Europa – leben, ist gut genug, um die Bedingungen dafür zu liefern, dass sie verbessert werden kann – solange wir die Hoffnung nicht verlieren.

---

Susan Neiman. In: Kultur SPIEGEL Heft 11, 31.10.2005, S. 15.

**2 Worin unterscheiden sich lineare und dialektische Erörterung?** 2

**3 Welche Möglichkeiten kennen Sie, um für eine Erörterung eine passende Einleitung zu schreiben?** 4

**Gesamtpunktzahl** 11

Kontrollieren Sie Ihre Ergebnisse mithilfe der Lösungen (S. 123) und addieren Sie die erreichten Punkte.

☐ 11 bis 9 Punkte: 🙂 ☐ 8 bis 6 Punkte: 😐 ☐ 5 bis 0 Punkte: 🙁

# Interpretation / Produktives Schreiben

## Vorschau Interpretation:

- → eines kurzen Prosatextes
- → eines Erzählanfangs
- → einer Kurzgeschichte
- → eines lyrischen Textes
- → eines dramatischen Textes

## Allgemeines

Interpretieren setzt Analysieren voraus, verlangt aber mehr: Der Text soll nicht nur beschrieben, sondern auch „gedeutet" werden, d. h. Sie müssen herausfinden und darstellen, was mit der Aussage gemeint und beabsichtigt ist. Das kann oft nicht eindeutig bestimmt werden. Manche Texte, besonders Gedichte, sind so „verschlüsselt", dass sie sich nur schwer „öffnen" lassen. Auch professionelle Interpreten sind nicht selten unterschiedlicher Meinung über die Bedeutung einzelner Formulierungen oder die Aussageabsicht der Verfasser, ihre Aussagen stützen sie mit literaturgeschichtlichen und biografischen Kenntnissen und Textzitaten. Bei Ihren Interpretationsversuchen sollten Sie zunächst Ihren ersten Eindruck, Ihr erstes Textverständnis festhalten, nach wiederholtem Lesen überprüfen, dann Belege suchen für Ihre Thesen und Ihre Wertung.

Im Hauptteil einer Textinterpretation muss zunächst der Inhalt kurz und auf das Wesentliche begrenzt wiedergegeben werden. Danach werden Aufbau, Form und Sprache beschrieben und erläutert, wobei es sinnvoll ist, Formanalyse und Inhalt aufeinander zu beziehen. Dabei müssen Sie Ihre Aussagen mithilfe von Zitaten, die am Text nachzuweisen sind, belegen.

Den Schlüssel zur Interpretation finden Sie in der Regel in der Intention des Autors, denn die Absicht, mit der ein literarisches Werk verfasst wurde, ist so etwas wie das organisierende Ganze eines Textes, von dem aus sich Inhalt und Form erschließen lassen. Allerdings ist die Intention oft nur indirekt zu vermuten, weshalb es sinnvoll ist, hier zunächst mit einer Arbeitshypothese zu beginnen, d. h., Sie gehen von einer bestimmten Absicht des Autors aus, die Sie dann in Ihrer Analyse und Interpretation überprüfen.

Im Schlussteil müssen, wie gewohnt, die Ergebnisse der Untersuchung zusammengefasst werden. Falls eine persönliche Stellungnahme ausdrücklich gefordert wird, bildet diese meist den Schluss einer Arbeit. Wenn sich die eigene Meinung auf die Ergebnisse der Interpretation stützt – was anzustreben ist –, lässt sich beides gut zu einem in sich stimmigen Schluss verbinden. Manchmal kann es darüber hinaus sinnvoll sein, die Arbeit mit einem kurzen Ausblick auf weitere Fragestellungen und Folgerungen, die sich aus der eigenen Interpretation ergeben, abzurunden.

# Formen der Interpretation

**REGEL: Arbeitsschritte für Textinterpretationen**
- Text mehrmals genau lesen und dabei Wichtiges und zu Klärendes markieren
- erste Eindrücke zur Wirkung des Textes stichwortartig festhalten
- Hypothese zur Intention und Interpretation aufstellen
- Überprüfen der Hypothese mithilfe der Inhalts- und Formanalyse
- Ergebnisse am Text belegen und ausformulieren
- Anfertigen einer Gliederung mit Einleitung, Hauptteil und Schluss
- beim Schreiben den Text immer wieder einbeziehen
- Zitatnachweise nicht vergessen

Textwiedergabe, Textbeschreibung und Textdeutung sind die Elemente jeder schriftlichen Interpretation. Drei Formen sind hier möglich:

**Textimmanente Interpretation:** Sie konzentrieren sich ausschließlich auf den Text, dessen Inhalt und sprachliche Gestaltung Sie genau untersuchen, wobei es besonders wichtig ist, dass Sie Form und Inhalt in ihrer wechselseitigen Beziehung zueinander sehen. Bei der textimmanenten Interpretation versuchen Sie also, den Text aus sich heraus zu verstehen und zu deuten. **Leitfrage:** Wie unterstützt die sprachliche Gestaltung (Wortwahl, Satzbau, Stil und rhetorische Figuren) den Inhalt und die Intention des Textes? Wird die gewünschte Wirkung erzielt?

**Textübergreifende Interpretation:**
Sie ziehen zum Verständnis und zur Deutung des Textes textexterne Faktoren mit hinzu, z. B. Leben des Autors (biografischer Ansatz), geschichtlicher Hintergrund (historischer Ansatz), kultureller Hintergrund (geistesgeschichtlicher Ansatz), Kritik (rezeptionsgeschichtlicher Ansatz). **Leitfrage:** Wie verhelfen textexterne Faktoren dazu, den Text noch besser zu verstehen und zu deuten?

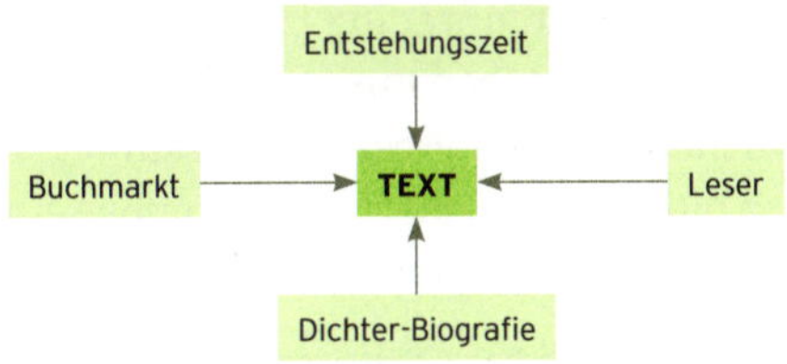


**Gestaltende Interpretation:** In der gestaltenden Interpretation, die auch als „produktives Schreiben" bezeichnet wird, untersuchen Sie zwar auch den Text im Allgemeinen, aber nur, um ihn dann in einem eigenen literarischen Aufsatz zu verarbeiten. Dadurch werden Sie in gewisser Weise zum Co-Autor, indem Sie – möglichst im Stil des Originals – Ereignisse, Gespräche, Gedanken und Gefühle formulieren, die in der Textvorlage ausgespart sind. Bei der gestaltenden Interpretation gibt es folgende Textsorten: Tagebucheintrag, Brief, innerer Monolog, Dialog, Gestaltung einer Szene, Rede, Referat, Kommentar, Zeitungsartikel und Rezension (= Buch- oder Filmbesprechung). **Leitfrage:** Wie kann ich mich so in die betreffende Person hineinversetzen, dass ich alles ganz in ihrem Sinne und aus ihrer Perspektive niederschreibe?

# Interpretation kurzer Prosatexte

Wenn es darum geht, kurze Prosatexte zu interpretieren, ist es wichtig, den Text genau, am besten mehrmals zu lesen. Wenn möglich, sollten Sie ferner zusehen, dass Sie Hintergrundinformationen über den Autor bzw. die Autorin erhalten. Im Unterricht sollte dies selbstverständlich sein. Sonst müssen Sie einfach nachfragen oder sich zu Hause informieren.
Zum nachfolgenden sehr knappen Text der bekannten Schriftstellerin Marie Luise Kaschnitz finden Sie anbei einige wenige Angaben über ihr Leben und ihr zentrales Anliegen. Es schadet allerdings nicht, wenn Sie sich damit nicht zufrieden geben, sondern noch ein bisschen weiter recherchieren.

*Marie Luise Kaschnitz wurde 1901 in Karlsruhe geboren und starb 1974 in Rom. Mit dem Schreiben begann sie 1933. Nach 1945 war sie eine der Ersten, die auf neue Bedrohungen in der „zivilen" Welt aufmerksam machte. Sie erhielt zahlreiche Preise für ihre Gedichte und Erzählungen. „Was wir noch können" ist der Textsammlung „Steht noch dahin" entnommen, die 74 kurze Prosatexte enthält. Darin setzte sich die Autorin ab von der damals neuen Tendenz in der deutschen Literatur, die eigene Subjektivität in den Vordergrund zu stellen und gesellschaftliche Probleme nicht mehr so ernst zu nehmen.*

*Marie Luise Kaschnitz*

## Was wir noch können

Was ist, was sein wird, womöglich sein wird, und dass wir solche Dinge wahrnehmen und beklagen, Ungerechtigkeiten noch wahrnehmen und beklagen, während es doch denkbar wäre, eine Zeit denkbar wäre, in der wir umherkriechen empfindungslos, in der uns nichts mehr angeht, unter die Haut geht, neben uns schreit ein Sterbender und wir wenden den Kopf nicht, neben uns wird ein Kind gegen eine Mauer geschleudert und wir erschrecken nicht. Demgegenüber scheint auf jeder noch so bescheidenen Anteilnahme, jedem noch so billigen Erbarmen der Schimmer eines goldenen Zeitalters zu liegen. Wir können noch sehen, wir können noch hören, wir können noch leiden, noch lieben.

Marie Luise Kaschnitz: Was wir noch können. In: dies.: Steht noch dahin. Frankfurt a. M. 1970, S. 55.


**1 Wie lautet das Thema des Textes?**

**2 Welche Grundhaltung der Autorin kommt hier zum Ausdruck?**

**3 Welche sprachlichen Mittel benutzt sie?**

★ **4 Welche Intention dürfte Marie Luise Kaschnitz mit diesem Text verfolgt haben?**

# Interpretation eines Romanauszugs

*Siegfried Lenz*

## Das Malverbot (1968)

Im Jahr dreiundvierzig, um mal so zu beginnen, an einem Freitag im April, morgens oder mittags, bereitete mein Vater Jens Ole Jepsen, der Polizeiposten der Außenstelle Rugbüll, der nördlichste Polizeiposten von Schleswig-Holstein, eine Dienstfahrt nach Bleekenwarf vor, um dem Maler Max Ludwig Nansen, den sie bei uns nur den Maler nannten und nie aufhörten, so zu nennen, ein in Berlin beschlossenes Malverbot zu überbringen. Ohne Eile suchte mein Vater Regenumhang, Fernglas, Koppel, Taschenlampe zusammen, machte sich mit absichtlichen Verzögerungen am Schreibtisch zu schaffen, knöpfte schon zum zweiten Mal den Uniformrock zu und linste – während ich vermummt und regungslos auf ihn wartete – immer wieder in den mißlungenen Frühlingstag hinaus und horchte auf den Wind. Es ging nicht nur Wind: dieser Nordwest belagerte in geräuschvollen Anläufen die Höfe, die Knicks und Baumreihen, erprobte mit Tumulten und Überfällen die Standhaftigkeit und formte sich eine Landschaft, eine schwarze Windlandschaft, krumm, zerzaust und voll unfaßbarer Bedeutung. Unser Wind, will ich meinen, machte die Dächer hellhörig und die Bäume prophetisch, er ließ die alte Mühle wachsen, fegte flach über die Gräben und brachte sie zum Phantasieren, oder er fiel über die Torfkähne her und plünderte die unförmigen Lasten.

Wenn bei uns Wind ging und so weiter, dann mußte man sich schon Ballast in die Taschen stecken – Nägelpakete oder Bleirohre oder Bügeleisen –, wenn man ihm gewachsen sein wollte. Solch ein Wind gehört zu uns, und wir konnten Max Ludwig Nansen nicht widersprechen, der Zinnadern platzen ließ, der wütendes Lila nahm und kaltes Weiß, wenn er den Nordwest sichtbar machen wollte – diesen wohlbekannten, uns zukommenden Nordwest, auf den mein Vater argwöhnisch horchte.

Ein Rauchschleier schwebte in der Küche. Ein nach Torf duftender, zuckender Rauchschleier schwebte im Wohnzimmer. Der Wind saß im Ofen und paffte uns das Haus voll, während mein Vater hin und her ging und offenbar nach Gründen suchte, um seinen Aufbruch zu verzögern, hier etwas ablegte, dort etwas aufnahm, die Gamaschen im Büro anlegte, das Dienstbuch am Eßtisch in der Küche aufschlug und immer noch etwas fand, was seine Pflicht hinausschob, bis er mit ärgerlichem Erstaunen feststellen mußte, daß etwas Neues aus ihm entstanden war, daß er sich gegen seinen Willen in einen vorschriftsmäßigen Landpolizisten verwandelt hatte, dem zur Erfüllung seines Auftrags nichts mehr fehlte als das Dienstfahrrad, das, gegen einen Sägebock gelehnt, im Schuppen stand.

Siegfried Lenz: Deutschstunde. Hamburg, 17. Auflage 1986 (1. Auflage 1968), S. 18 f.

Aus urheberrechtlichen Gründen ist dieser Text nicht in reformierter Rechtschreibung abgedruckt.

★ **5** **Interpretieren Sie diesen Text, indem Sie den zentralen Konflikt des „Malverbots" und die Intention des Autors herausarbeiten.**

# Interpretation einer Kurzgeschichte

*Peter Bichsel*

## San Salvador (1964)

**TIPP**

Vorsicht: Der Held und der Autor sind nicht identisch. Die Abgrenzung der Identitätsebenen in literarischen Texten gehört zu den wichtigsten und oft schwierigsten Aufgaben der Textanalyse.

Er hatte sich eine Füllfeder gekauft. Nachdem er mehrmals seine Unterschrift, dann seine Initialen, seine Adresse, einige Wellenlinien, dann die Adresse seiner Eltern auf ein Blatt gezeichnet hatte, nahm er einen neuen Bogen, faltete ihn sorgfältig und schrieb: „Mir ist es hier zu kalt", dann „ich gehe nach Südamerika", dann hielt er inne, schraubte die Kappe auf die Feder, betrachtete den Bogen und sah, wie die Tinte eintrocknete und dunkel wurde (in der Papeterie* garantierte man, dass sie schwarz werde), dann nahm er seine Feder erneut zur Hand und setzte noch großzügig seinen Namen Paul darunter. Dann saß er da. Später räumte er die Zeitungen vom Tisch, überflog dabei die Kinoinserate, dachte an irgendetwas, schob den Aschenbecher beiseite, zerriss den Zettel mit den Wellenlinien, entleerte seine Feder und füllte sie wieder. Für die Kinovorstellung war es jetzt zu spät. Die Probe des Kirchenchores dauert bis neun Uhr, um halb zehn würde Hildegard zurück sein. Er wartete auf Hildegard. Zu all dem Musik aus dem Radio. Jetzt drehte er das Radio ab.

Auf dem Tisch, mitten auf dem Tisch, lag nun der gefaltete Bogen, darauf stand in blauschwarzer Schrift sein Name Paul. „Mir ist es hier zu kalt", stand auch darauf.

Nun würde also Hildegard heimkommen, um halb zehn. Es war jetzt neun Uhr. Sie läse seine Mitteilung, erschräke dabei, glaubte wohl das mit Südamerika nicht, würde dennoch die Hemden im Kasten zählen, etwas müsste ja geschehen sein. Sie würde in den „Löwen" telefonieren. Der „Löwe" ist mittwochs geschlossen. Sie würde lächeln und verzweifeln und sich damit abfinden, vielleicht. Sie würde sich mehrmals die Haare aus dem Gesicht streichen, mit dem Ringfinger der linken Hand beidseitig der Schläfe entlangfahren, dann den Mantel aufknöpfen.

Dann saß er da, überlegte, wem er einen Brief schreiben könnte, las die Gebrauchsanweisung für den Füller noch einmal – leicht nach rechts drehen – las auch den französischen Text, verglich den englischen mit dem deutschen, sah wieder seinen Zettel, dachte an Palmen, dachte an Hildegard. Saß da. Um halb zehn kam Hildegard und fragte: „Schlafen die Kinder?"

Sie strich die Haare aus dem Gesicht.

---

„San Salvador", aus: Peter Bichsel: Eigentlich möchte Frau Blum den Milchmann kennenlernen. 

*Papeterie: Papierwarenhandlung

★ **6** **Interpretieren Sie die Kurzgeschichte von Peter Bichsel. Gehen Sie dabei auf Paul und seine Gefühlswelt ein, seine Beziehung zu Hildegard und die Situation, von der diese Geschichte ausgeht. Analysieren Sie dann Sprache, Stil und Aufbau, bevor Sie übergreifende Deutungsmöglichkeiten anbieten.**

# Interpretation von Gedichten

Allgemein gilt es als besonders schwierig, Gedichte zu interpretieren, weil der Leser diese verdichtete Sprache erst einmal entschlüsseln und „übersetzen" muss. Aber auch die Gedichtinterpretation ist erlernbar, indem man sich die Grundbegriffe der Poetik und deren Funktion aneignet. Denn gerade bei einem guten Gedicht ist die Form kein Selbstzweck, sondern die Widerspiegelung des Inhalts und der zentralen Aussagen.

Falls Sie etwas über den Entstehungshintergrund, über die Biografie der Autorin/des Autors oder über wichtige zeitgeschichtliche Ereignisse wissen, ist das sehr hilfreich. Für eine textübergreifende Interpretation ist solches Wissen unentbehrlich. Aber auch sonst ist es sehr empfehlenswert, wenn Sie sich kurz über die textexternen Faktoren informieren.

Bei einer Klausur kann solches Zusatzwissen nicht unbedingt erwartet werden, weshalb in Arbeiten nur textimmanente Interpretationen gefordert werden. Falls Sie aber dennoch über solche Zusatzinformationen verfügen, haben Sie natürlich einen großen Vorteil, da Sie das Werk gleich in den historisch-biografischen Kontext einordnen können. Auch deshalb lohnt sich also die Beschäftigung mit der Literaturgeschichte (vgl. die knapp gehaltene Übersicht in diesem Buch ab S. 74).

**REGEL: Fragen zur Gedichtinterpretation**

- Wie ist der äußere Aufbau des Gedichts (Strophen, Verse, Rhythmus)? Nach welchen Gesichtspunkten ist es gegliedert?
- Welche Bilder werden benutzt? Welchen Stimmungsgehalt haben diese Bilder?
- Welche Wirkung geht von Rhythmus und Reim aus? Wie wirken sprachliche Mittel und rhetorische Figuren?
- Was erfahren wir über das lyrische Ich? Wie ist die Situation, in der es sich befindet? In welcher Beziehung steht es zum Autor?
- Welche Aussageabsicht ist zu erkennen?
- Wie ist die Überschrift zu verstehen? In welcher Beziehung steht sie zum Inhalt?
- Was hat uns der Text heute noch zu sagen, was sagt er Ihnen?

Bei keiner anderen Aufgabenart ist es so leicht möglich, das Thema zu verfehlen oder am Thema vorbei zu schreiben, wie bei der Gedichtinterpretation. Sie sollten deshalb bei entscheidenden Klausuren sich für diese anspruchsvolle Aufgabenstellung nur dann entscheiden, wenn Sie sich ganz sicher sind, das Gedicht wirklich verstanden zu haben. Der Gefahr der Überinterpretation entgehen Sie am besten dadurch, dass Sie zur Probe ab und zu einmal ein Gedicht interpretieren und dann Ihrem Lehrer zur Korrektur vorlegen.

*Eduard Mörike*

## September-Morgen (1827)

Im Nebel ruhet noch die Welt,
Noch träumen Wald und Wiesen:
Bald siehst du, wenn der Schleier fällt,
Den blauen Himmel unverstellt,
Herbstkräftig die gedämpfte Welt
In warmem Golde fließen.

Eduard Mörike: Gedichte, Reclam, Stuttgart 1977, S. 65

**7 Interpretieren Sie das Gedicht von Eduard Mörike.
Beachten Sie dabei besonders die innere Gliederung und die poetischen Mittel.**

*Georg Trakl*

## Verfall (1913)

Am Abend, wenn die Glocken Frieden läuten,
Folg ich der Vögel wundervollen Flügen,
Die lang geschart, gleich frommen Pilgerzügen,
Entschwinden in den herbstlich klaren Weiten.

Hinwandelnd durch den dämmervollen Garten
Träum ich nach ihren helleren Geschicken
Und fühl der Stunden Weiser kaum mehr rucken
So folg ich über Wolken ihren Fahrten.

Da macht ein Hauch mich von Verfall erzittern.
Die Amsel klagt in den entlaubten Zweigen.
Es schwankt der rote Wein an rostigen Gittern,

Indes wie blasser Kinder Todesreigen
Um dunkle Brunnenränder, die verwittern,
Im Wind sich fröstelnd blaue Astern neigen.

Georg Trakl: Das dichterische Werk. Deutscher Taschenbuch Verlag, München 1972, S. 35

★ **8 Interpretieren Sie dieses Gedicht von Georg Trakl im Sinne einer textübergreifenden Interpretation. Beachten Sie dabei das Entstehungsjahr und die Lebenshaltung des Autors, über den Sie sich schnell im Internet oder in einer Literaturgeschichte informieren können.**

# Interpretation dramatischer Texte

Dramen wurden und werden natürlich für das Theater geschrieben (und nicht für die Behandlung im Deutschunterricht). Da der Text eigentlich nur eine Art Vorlage für den Regisseur und die Schauspieler ist, die sie ganz unterschiedlich deuten und umsetzen können, ist die Interpretation im Unterricht nicht ganz einfach. Schließlich haben Sie nur das Schauspiel selbst mit seinen Dialogen und Monologen sowie den Regieanweisungen des Autors vor sich. Alles andere müssen Sie sich selbst erschließen.
Die Interpretation eines dramatischen Textes folgt allerdings den allgemeinen Regeln der Textinterpretation. Vielen Schülern und Schülerinnen fällt dies bei Dramen leichter als bei Gedichten und bei Prosatexten. Dies ist nachvollziehbar, denn ein Drama ist meist unmittelbar verständlich, eingängig und weniger „verschlüsselt" als Gedichte und weniger komprimiert als Kurzgeschichten. Außerdem kennt man das Schauspiel in der Regel, weil es vorher ausführlich im Unterricht behandelt worden ist. Deshalb eignet sich die Interpretation von dramatischen Texten besonders für Schülerinnen und Schüler, die sich gerne intensiv auf eine Arbeit zu Hause vorbereiten und die sich sicher fühlen, wenn sie in der Klausur auf Gelerntes zurückgreifen können.
Gerade bei der Drameninterpretation ist es wichtig, dass Sie sich über textexterne Faktoren informieren. Dies ist nicht sehr zeitaufwendig und bringt dennoch sehr viel, da Sie vieles in dem Drama besser verstehen werden, wenn Sie etwas über den Autor und sein Werk sowie über den zeitgeschichtlichen Kontext wissen. Falls Ihnen dafür der Weg in eine Bibliothek zu weit ist, recherchieren Sie doch schnell einmal im Internet. Und schreiben Sie sich am besten gleich die wichtigsten Dinge auf, damit Sie diese nicht vergessen und dann verfügbar haben, wenn es nötig ist.

**REGEL: Fragen zur Interpretation von dramatischen Texten**

- In welchem Handlungszusammenhang steht die zu besprechende Szene? Welche vorangegangenen Ereignisse aus dem Stück muss man kennen, um die Szene zu verstehen?
- Wie ist die Szene aufgebaut und gegliedert?
- Wie ist die Szene sprachlich gestaltet? Welche rhetorischen Figuren enthält sie?
- Wie erscheinen die Personen in dieser Szene? In welchem Verhältnis stehen sie zueinander?
- Welche Bedeutung hat die Szene für den weiteren Verlauf des Dramas?
- Welche allgemeine Intention liegt dem Drama zugrunde? Wird diese Intention in der vorliegenden Szene spürbar?
- Was wissen Sie über den Autor und den Entstehungszusammenhang des Schauspiels? Welche Bedeutung hat es in seinem Lebenswerk? In welchem zeitgeschichtlichen Kontext steht es?
- Kennen Sie Kritiken und Kommentare zu diesem Werk? Was hat der Autor vielleicht selbst darüber gesagt?

*Friedrich Schiller*

# Kabale und Liebe (1784)

*Der adelige Ferdinand hat sich in die bürgerliche Luise verliebt. Sein Vater ist – aus Standesgründen – gegen eine Verbindung. Auch Luises Vater verweigert seine Zustimmung.*

1. Akt, 4. Szene
*Ferdinand von Walter. Luise.*
*(Er fliegt auf sie zu – sie sinkt entfärbt und matt auf einen Sessel – er bleibt vor ihr stehn – sie sehen sich eine Zeitlang stillschweigend an. Pause).*

**Ferdinand.** Du bist blass, Luise?
**Luise** *(steht auf und fällt ihm um den Hals).* Es ist nichts. Nichts. Du bist ja da. Es ist vorüber.
**Ferdinand** *(ihre Hand nehmend und zum Munde führend).* Und liebt mich meine Luise noch? Mein Herz ist das gestrige, ist's auch das deine noch? Ich fliege nur her, will sehn, ob du heiter bist, und gehn und es auch sein – Du bist's nicht.
**Luise.** Doch, doch, mein Geliebter.
**Ferdinand** Rede mir Wahrheit. Du bist's nicht. Ich schaue durch deine Seele wie durch das klare Wasser dieses Brillanten. *(Er zeigt auf seinen Ring.)* Hier wirft sich kein Bläschen auf, das ich nicht merkte – kein Gedanke tritt in dies Angesicht, der mir entwischte. Was hast du? Geschwind! Weiß ich nur diesen Spiegel helle, so läuft keine Wolke über die Welt. Was bekümmert dich?
**Luise** *(sieht ihn eine Weile stumm und bedeutend an, dann mit Wehmut).* Ferdinand! Ferdinand! Dass du doch wüsstest, wie schön in dieser Sprache das bürgerliche Mädchen sich ausnimmt –
**Ferdinand.** Was ist das? *(Befremdet)* Mädchen! Höre! Wie kommst du auf das? – Du bist meine Luise. Wer sagt dir, dass du noch etwas sein solltest? Siehst du, Falsche, auf welchem Kaltsinn ich dir begegnen muss? Wärest du ganz nur Liebe für mich, wann hättest du Zeit gehabt, eine Vergleichung zu machen? Wenn ich bei dir bin, zerschmilzt meine Vernunft in einen Blick – in einen Traum von dir, wenn ich weg bin, und du hast noch eine Klugheit neben deiner Liebe? – Schäme dich! Jeder Augenblick, den du an diesen Kummer verlorst, war deinem Jüngling gestohlen.
**Luise** *(fasst seine Hand, indem sie den Kopf schüttelt).* Du willst mich einschläfern, Ferdinand – willst meine Augen von diesem Abgrund hinweglocken, in den ich ganz gewiss stürzen muss. Ich seh in die Zukunft – die Stimme des Ruhms – deine Entwürfe – dein Vater – mein Nichts. *(Erschrickt und lässt plötzlich seine Hand fahren.)* Ferdinand! ein Dolch über dir und mir! – Man trennt uns!
**Ferdinand.** Trennt uns! *(Er springt auf.)* Woher bringst du diese Ahndung, Luise? Trennt uns? – Wer kann den Bund zwoer Herzen lösen oder die Töne eines Akkords auseinanderreißen? – Ich bin ein Edelmann – Lass doch sehen, ob mein Adelbrief älter ist als der Riss zum unendlichen Weltall? oder mein Wappen gültiger als die Handschrift des Himmels in Luisens Augen: Dieses Weib ist für diesen Mann? – Ich bin des Präsidenten Sohn. Ebendarum. Wer als die Liebe kann mir die Flüche versüßen, die mir der Landeswucher meines Vaters vermachen wird?

**Luise.** O wie sehr fürcht ich ihn – diesen Vater!

**Ferdinand.** Ich fürchte nichts – nichts – als die Grenzen deiner Liebe. Lass auch Hindernisse wie Gebirge zwischen uns treten, ich will sie für Treppen nehmen und drüber hin in Luisens Arme fliegen. Die Stürme des widrigen Schicksals sollen meine Empfindung emporblasen, Gefahren werden meine Luise nur reizender machen. – Also nichts mehr von Furcht, meine Liebe. Ich selbst – ich will über dir wachen wie der Zauberdrach' über unterirdischem Golde – *Mir* vertraue dich. Du brauchst keinen Engel mehr – Ich will mich zwischen dich und das Schicksal werfen – empfangen für dich jede Wunde – auffassen für dich jeden Tropfen aus dem Becher der Freude – dir ihn bringen in der Schale der Liebe. *(Sie zärtlich umfassend)* An diesem Arm soll meine Luise durchs Leben hüpfen; schöner, als er dich von sich ließ, soll der Himmel dich wiederhaben und mit Verwunderung eingestehn, dass nur die Liebe die letzte Hand an die Seelen legte –

**Luise** *(drückt ihn von sich, in großer Bewegung).* Nichts mehr! Ich bitte dich, schweig! – Wüsstest du – Lass mich – du weißt nicht, dass deine Hoffnungen mein Herz wie Furien anfallen. *(Will fort.)*

**Ferdinand** *(hält sie auf).* Luise? Wie! Was! Welche Anwandlung?

**Luise.** Ich hatte diese Träume vergessen und war glücklich – Jetzt! Jetzt! Von heut an – der Friede meines Lebens ist aus – Wilde Wünsche – ich weiß es – werden in meinem Busen rasen. – Geh – Gott vergebe dir's – Du hast den Feuerbrand in mein junges friedsames Herz geworfen, und er wird nimmer, nimmer gelöscht werden.

*(Sie stürzt hinaus. Er folgt ihr sprachlos nach.)*

Friedrich Schiller: Kabale und Liebe, Reclam, Stuttgart 1978, S. 14 f.

**9** **Fragen zur Analyse:**

Was ist der Inhalt des Dialogs?
Wie unterschiedlich oder ausgeglichen sind die Dialoganteile?
Durch welche Formulierungen (Haupttext und Regieanweisungen) werden die Gefühle der beiden Personen vermittelt?

**10** **Fragen zur Interpretation:**

In welcher Situation findet der Dialog statt?
Inwiefern wird bereits hier – im 1. Akt – der Konflikt deutlich?
Wie charakterisiert sich Ferdinand durch seine Sprache und sein Verhalten selbst?
Wodurch wird Luises verzweifelte Lage deutlich?
Wie wirkt die Szene auf den Zuschauer?

**TIPP**

Informieren Sie sich über den Inhalt des gesamten Dramas, um alle Fragen zur Interpretation beantworten zu können.

*Galileo Galilei (1564 – 1642), der bedeutendste Naturwissenschaftler seiner Zeit, hat bahnbrechende Entdeckungen gemacht. Trotzdem soll er sich vor der Inquisition verantworten, weil er am heliozentrischen Weltbild festhält. Zu Beginn des Schauspiels beschreibt er, warum in seinen Augen eine neue Zeit angebrochen ist:*

*Bertolt Brecht*

## Leben des Galilei (geschrieben 1938/39, uraufgeführt: 1943)

**Galilei:** Durch zweitausend Jahre glaubte die Menschheit, daß die Sonne und alle Gestirne des Himmels sich um sie drehten. Der Papst, die Kardinäle, die Fürsten, die Gelehrten, Kapitäne, Kaufleute, Fischweiber und Schulkinder glaubten, unbeweglich in einer kristallenen Kugel zu sitzen. Aber jetzt fahren wir heraus, Andrea, in großer Fahrt. Denn die alte Zeit ist herum, und es ist eine neue Zeit. Seit hundert Jahren ist es, als erwartete die Menschheit etwas.
Die Städte sind eng und so sind die Köpfe. Aberglauben und Pest. Aber jetzt heißt es: Da es so ist, bleibt es nicht so. Denn alles bewegt sich, mein Freund. Ich denke gern, daß es mit den Schiffen anfing. Seit Menschengedenken waren sie nur an den Küsten entlang gekrochen, aber plötzlich verließen sie die Küsten und liefen aus über alle Meere.
Auf unserem alten Kontinent ist ein Gerücht entstanden: es gibt neue Kontinente. Und seit unsere Schiffe zu ihnen fahren, spricht es sich auf den lachenden Kontinenten herum: das große Meer ist ein kleines Wasser. Und es ist eine große Lust aufgekommen, die Ursachen aller Dinge zu erforschen: warum der Stein fällt, den man loslässt, und wie er steigt, wenn man ihn hochwirft. Jeden Tag wird etwas gefunden. Selbst die Hundertjährigen lassen sich noch von den Jungen ins Ohr schreien, was Neues entdeckt wurde.
Da ist schon viel gefunden, aber da ist mehr, was noch gefunden werden kann. [...]
Die alte Zeit ist herum, und es ist eine neue Zeit. Bald wird die Menschheit Bescheid wissen über ihre Wohnstätte, den Himmelskörper, auf dem sie haust. Was in den alten Büchern steht, das genügt nicht mehr.
Denn, wo der Glaube tausend Jahre gesessen hat, ebenda sitzt jetzt der Zweifel. Alle Welt sagt: Ja, das steht in den Büchern, aber laßt uns jetzt selbst sehen. Den gefeiertsten Wahrheiten wird auf die Schulter geklopft; was nie bezweifelt wurde, das wird jetzt bezweifelt. [...]

Bertolt Brecht: Leben des Galilei. Schauspiel, Frankfurt a. M. 1976, S. 8 f. 
Aus urheberrechtlichen Gründen ist hier die alte Rechtschreibung beibehalten worden.

**11** **Beschreiben Sie, wodurch für Galilei der neue Geist der Zeit gekennzeichnet ist. Wieso muss er dadurch zwangsläufig mit der katholischen Kirche in Konflikt geraten?**

★ **12** **Überlegen Sie, warum Brecht sich wohl gerade in der Zeit um 1939 so intensiv mit dem italienischen Physiker aus dem 17. Jahrhundert beschäftigt hat.**

# Produktives Schreiben

Das sogenannte produktive Schreiben (auch: „gestaltendes Interpretieren") ist eine noch recht junge Aufgabenform, die trotzdem inzwischen bei fast allen Abschlussprüfungen in Deutsch vorkommt.

**REGEL: Textsorten beim produktiven Schreiben**

- Tagebucheintrag
- persönlicher Brief
- innerer Monolog / Selbstgespräch
- Dialog / Gespräch / Gestaltung einer Szene für ein Theaterstück
- Rede / Referat / Vortrag
- Artikel für eine Zeitung oder ein Mitteilungsblatt
- Buchempfehlung / Rezension / Kritik

Manchen Schülerinnen und Schülern liegt dieser Aufgabentypus besonders, da hier Fantasie und Kreativität ausdrücklich erwünscht sind. Allerdings bedeutet dies nicht, dass man hier ganz nach Lust und Laune schreiben darf. Vielmehr geht es beim produktiven Schreiben darum, im Anschluss an eine vorher im Unterricht behandelte Lektüre (meist handelt es sich dabei um einen bedeutenden literarischen Prosatext oder ein großes Drama aus der deutschen Literaturgeschichte) einen eigenen Text zu verfassen, in dem das Geschehen aus der Perspektive einer der beteiligten Personen dargestellt werden muss.

Die besondere Schwierigkeit besteht darin, dass man dabei inhaltlich und stilistisch an das Original anknüpfen muss, d. h. man muss versuchen, so ähnlich zu schreiben wie eine Figur aus einem Drama Schillers oder aus einem Roman von Max Frisch. Dafür müssen Sie natürlich zunächst vor allem die Lektüre genau kennen, weil die wesentlichen Personen und Inhalte der Lektüre den Ausgangspunkt Ihres Aufsatzes bilden. Sie dürfen also nichts erfinden, was nicht in den Rahmen der Lektüre passen würde. Sonst aber haben Sie recht große gestalterische Freiheiten: Alles, was nicht im Widerspruch zum Originaltext steht, können Sie einbeziehen und verwerten. Eben darin besteht der besondere Reiz dieser Aufgabenform, die deshalb gerne von fantasiebegabten Schülern gewählt wird – und von denen, die mit Textbeschreibungen, Analysen und Erörterungen ihre liebe Not haben.

**TIPP**

Beim produktiven Schreiben dürfen Sie viel emotionaler formulieren als bei allen anderen Arbeitsaufgaben im Deutschunterricht. Ab und zu können Sie dabei umgangssprachliche Ausdrücke gebrauchen, vor allem bei Benutzung der direkten Rede. Allerdings sollte man es damit nicht übertreiben: Fäkalsprache, Gossenjargon und Schimpftiraden haben auch beim produktiven Schreiben nichts verloren.

**REGEL: Worauf Sie beim produktiven Schreiben besonders achten müssen**

- Sehen Sie sich die Aufgabenstellung genau an und versetzen Sie sich in die Lage der Person, aus deren Sicht Sie schreiben sollen. Beachten Sie die Eigenarten der geforderten Textsorte.
- Suchen Sie nach wichtigen Informationen aus der Lektüre, die Sie für ihren Aufsatz verwerten können. Flechten Sie unbedingt Details aus der Lektüre mit ein, um Textkenntnis zu demonstrieren.
- Überlegen Sie, welche Problemstellung im Zentrum Ihrer Ausführungen stehen könnte. Versuchen Sie, dieses Problem als Frage zu formulieren.
- Zwar soll Ihr Text subjektiv verfasst sein. Dennoch ist es nicht verkehrt, wenn er trotzdem einen kontroversen Charakter hat, d. h.: Berücksichtigen Sie auch Gegenargumente, besonders dann, wenn es sich um einen inneren Monolog oder einen Tagebucheintrag handelt.
- Bei Ihren Vorarbeiten sollten Sie so ähnlich vorgehen wie bei den anderen Aufsatzarten: Themenerschließung – Stichwortsammlung –
Gliederung – Einleitung vorschreiben – Reinschrift – Korrektur.

Zur Übung schauen wir uns beispielhaft noch einmal den Romanauszug „Das Malverbot" von Siegfried Lenz an (Seite 61). Wenn hierzu die Aufgabe gestellt wäre, die ganze Geschichte aus der Perspektive des Vaters in der Form eines inneren Monologs zu schildern, so dürften Sie durchaus weitere Dinge schildern, die sich im Vorfeld abgespielt haben könnten. Achten Sie darauf, dass Sie nichts total Unwahrscheinliches hinzufügen.

Bei einer derartigen Aufgabenstellung sollen und müssen Sie subjektiv vorgehen, d. h.: Sie müssen versuchen, alles aus der Sicht des Vaters mit seiner ganzen Unsicherheit und Ambivalenz zu schreiben. Die Schilderung von Empfindungen und Grundeinstellungen des Dorfpolizisten gehört ebenso dazu wie seine persönlich gefärbte Bewertung anderer Personen und ihres Verhaltens. Lassen Sie Jens Ole Jepsen ruhig offen über den Maler reden: Vielleicht bewundert er ihn ja insgeheim, vielleicht aber zieht er auch über ihn her, weil der ihm indirekt das Problem „eingebrockt" hat.

**13 Lesen Sie erneut den Text „San Salvador" (Seite 62) und versuchen Sie eine produktive Umsetzung: Hildegard entdeckt Pauls Schreibversuche und lacht darüber. Die beiden führen einen Dialog.**

★ **14 Der Dorfpolizist Jens Ole Jepsen („Das Malverbot", Seite 61) führt am Abend, nachdem er das Malverbot überbracht hat, ein Selbstgespräch, in dem er über die Vorgänge des Tages nachdenkt. Schreiben Sie diesen inneren Monolog nieder.**

# Zwischentest

*Annette von Droste-Hülshoff (1797–1848)*

## Am Turme

Ich steh auf hohem Balkone am Turm,
Umstrichen vom schreienden Stare,
Und lass gleich einer Mänade den Sturm
Mir wühlen im flatternden Haare;
O wilder Geselle, o toller Fant,
Ich möchte dich kräftig umschlingen,
Und, Sehne an Sehne, zwei Schritte vom Rand
Auf Tod und Leben dann ringen!

Und drunten seh ich am Strand, so frisch
Wie spielende Doggen, die Wellen
Sich tummeln rings mit Geklaff und Gezisch,
Und glänzende Flocken schnellen.
O, springen möcht' ich hinein alsbald,
Recht in die tobende Meute,
Und jagen durch den korallenen Wald
Das Walross, die lustige Beute!

Und drüben seh ich ein Wimpel wehn
So keck wie eine Standarte,
Seh auf und nieder den Kiel sich drehn
Von meiner luftigen Warte;
O, sitzen möcht' ich im kämpfenden Schiff,
Das Steuerruder ergreifen,
Und zischend über das brandende Riff
Wie eine Seemöwe streifen.

Wär' ich ein Jäger auf freier Flur,
Ein Stück nur von einem Soldaten,
Wär' ich ein Mann doch mindestens nur,
So würde der Himmel mir raten;
Nun muss ich sitzen so fein und klar,
Gleich einem artigen Kinde,
Und darf nur heimlich lösen mein Haar,
Und lassen es flattern im Winde!

---

Annette von Droste-Hülshoff: Werke in einem Band, Deutscher Taschenbuch Verlag, München 1998, S. 109

★ 1 **Erstellen Sie eine textimmanente Interpretation (Wirkung, Inhalt, Aufbau, Versmaß / Rhythmus, sprachliche Auffälligkeiten, Situation des lyrischen Ichs).** 10

4

2 **Informieren Sie sich über die Lebensgeschichte der Autorin und interpretieren Sie das Gedicht als weitgehend autobiografischen Text.**

*Gotthold Ephraim Lessing*

## Nathan der Weise (1779)

5. Aufzug, 6. Auftritt

*Nathans Tochter Recha, die ihren jüdischen Vater liebt, aber auch ihre christliche Erzieherin Daja, ist in den Palast des Sultans berufen worden. Dort trifft sie auf Sittah, die Schwester des Sultans.*

**Sittah** O was ist dein Vater für ein Mann!
**Recha** Nicht wahr?
**Sittah** Wie nah er immer doch zum Ziele trifft!
**Recha** Nicht wahr? – Und diesen Vater –
**Sittah** Was ist dir, Liebe?
**Recha** Diesen Vater –
**Sittah** Gott! Du weinst?
**Recha** Und diesen Vater – Ah! es muss Heraus! Mein Herz will Luft, will Luft ...
*(wirft sich, von Tränen überwältiget, zu ihren Füßen)*
**Sittah** Kind, was geschieht dir? Recha?
**Recha** Diesen Vater soll – Soll ich verlieren!
**Sittah** Du? verlieren? Ihn? Wie das? – Sei ruhig! – Nimmermehr! – Steh auf!
**Recha** Du sollst vergebens dich zu meiner Freundin, zu meiner Schwester nicht erboten haben!
**Sittah** Ich bins ja! bins! – Steh doch nur auf! Ich muss sonst Hilfe rufen.
**Recha** *(die sich ermannt und aufsteht):* Ah! verzeih! vergib! – Mein Schmerz hat mich vergessen machen, wer Du bist. Vor Sittah gilt kein Winseln, kein Verzweifeln. Kalte, ruhige Vernunft will alles über sie allein vermögen. Wes Sache diese bei ihr führt, der siegt!
**Sittah** Nun dann?
**Recha** Nein; meine Freundin, meine Schwester gibt das nicht zu! Gibt nimmer zu, dass mir Ein andrer Vater aufgedrungen werde!
**Sittah** Ein andrer Vater? aufgedrungen? dir? Wer kann das? kann das auch nur wollen, Liebe?
**Recha** Wer? Meine gute böse Daja kann das wollen, – will das können. – Ja; du kennst wohl diese gute böse Daja nicht? Nun, Gott vergeb' es ihr! – belohn' es ihr! Sie hat mir so viel Gutes, – so viel Böses erwiesen!
**Sittah** Böses dir? – So muss sie Gutes doch wahrlich wenig haben.
**Recha** Doch! recht viel, recht viel!
**Sittah** Wer ist sie?
**Recha** Eine Christin, die in meiner Kindheit mich gepflegt; mich so gepflegt! – Du glaubst nicht! – Die mir eine Mutter so wenig missen lassen! – Gott vergelt' es ihr! – Die aber mich auch so geängstet! Mich so gequält!
**Sittah** Und über was? warum? wie?

**Recha** Ach! die arme Frau, – ich sag' dirs ja – ist eine Christin; – muss aus Liebe quälen; – ist eine von den Schwärmerinnen, die den allgemeinen, einzig wahren Weg nach Gott, zu wissen wähnen!

**Sittah** Nun versteh' ich!

Gotthold Ephraim Lessing: Nathan der Weise. Reclam, Stuttgart 1987, S. 129 f.

**3 Analysieren Sie diese Szene (Haupttext und Regieanweisungen). Wie charakterisieren sich die beiden Frauen durch Sprache und Verhalten?** 5

**4 Beschreiben Sie die Dialogführung; beachten Sie die Dialoganteile.** 4

**5 Informieren Sie sich über Lessings Drama und zeigen Sie, inwiefern sich in dieser Szene der wesentliche Konflikt des Stückes zeigt.** 4

★ **6 Lesen Sie noch einmal den Text „San Salvador" von Peter Bichsel (S. 62). Hildegard macht sich am Abend des dort beschriebenen Tages ihre Gedanken über das Vorgefallene. Schreiben Sie diese Gedanken in Form eines Tagebucheintrags nieder.** 5

**Gesamtpunktzahl** **32**

Kontrollieren Sie Ihre Ergebnisse mithilfe der Lösungen (S. 125–127) und addieren Sie die erreichten Punkte.

☐ 32 **bis** 26 **Punkte:** 🙂 ☐ 25 **bis** 17 **Punkte:** 😐 ☐ 16 **bis** 0 **Punkte:** 😕

# Literaturgeschichte

## Vorschau

- → Übersicht über alle Epochen der deutschen Literaturgeschichte
- → Die wichtigsten Epochen mit Informationen zu Merkmalen, Autoren und Hauptwerken

## Literatur und ihre Geschichte – wozu und warum

Für den Deutschunterricht in der Oberstufe ist es wichtig, dass Sie einen Überblick über die deutsche Literaturgeschichte gewinnen. Nur dann können Sie die verschiedenen Autoren und ihre entscheidenden Werke richtig einordnen und vor ihrem jeweiligen historischen Hintergrund verstehen. Zu Ihrer ersten Orientierung finden Sie deshalb auf der nächsten Seite eine auf das Wesentliche begrenzte Übersicht der deutschen Literaturgeschichte, in der die wichtigsten Epochen dargestellt werden. Dabei werden Sie sehen, dass sich da und dort Epochen überschneiden und dass einige wenige Autoren zwei verschiedenen Epochen zugeordnet werden können. Diese Mehrfachnennungen deuten schon darauf hin, dass eine schematische Zuordnung deutliche Grenzen hat: So lässt sich der junge Goethe durchaus als Vertreter des „Sturm und Drang" verstehen, während er später eindeutig als „Klassiker" zu bezeichnen ist. Dennoch hat der späte Goethe manches mit der zeitgleichen „Romantik", zu der er ein distanziertes Verhältnis hatte, gemein.

Auf die Tabelle folgen jeweils auf einer Doppelseite die wichtigsten Abschnitte der deutschen Literaturgeschichte, wobei nach einer kurzen Charakteristik der Epoche und einigen Hinweisen zu allgemeinen gesellschaftspolitischen Tendenzen der Zeit die wichtigsten Autoren und deren bedeutendste Werke genannt werden.

Wenn Sie dadurch neugierig werden sollten, läge dies ganz im Sinne des Verfassers. Denn die hier folgende Kurzfassung kann und soll keine wirklich umfassende Literaturgeschichte ersetzen. Sie sollten aber dadurch angeregt werden, Literatur kennenlernen zu wollen. Denken Sie dabei immer daran, dass die großen Werke der Weltliteratur nicht für den Deutschunterricht geschrieben worden sind, sondern weil sie den Autoren ein inneres Anliegen waren.

| Epoche | Zeit | Wichtigste Vertreter | Hauptwerke |
|---|---|---|---|
| **Althochdeutsche Literatur** | 750 bis 1050 | Fast alle Schriften dieser Epoche sind anonym verfasst und nur ungefähr zu datieren | Merseburger Zaubersprüche (um 750)<br>Wessobrunner Gebet (um 790)<br>Der Heliand (um 830)<br>Hildebrandslied (um 835) |
| **Mittelhochdeutsche Literatur „Staufische Klassik"** | 1050 bis 1400 | anonym<br>Hartmann von Aue († um 1220)<br>Wolfram von Eschenbach (†1220)<br>Gottfried von Straßburg († um 1215)<br>Walther von der Vogelweide (†1230) | Nibelungenlied (1195–1204)<br>Der arme Heinrich (um 1195)<br>Parzival (1200–1210)<br>Tristan (um 1210)<br>Under der linden (Minnelied um 1210) |
| **Renaissance<br>Humanismus<br>Reformation** | 1400 bis 1600 | Sebastian Brant (1457–1521)<br>Erasmus v. Rotterdam (1465–1536)<br>Martin Luther (1483–1517) | Das Narrenschiff (1494)<br>Lob der Torheit (1509)<br>Bibelübersetzung (1522–1534) |
| **Barock** | 1600 bis 1720 | Andreas Gryphius (1616–1664)<br>Angelus Silesius (1624–1677)<br>H. J. Chr. v. Grimmelshausen (1622–1676) | Sonette (1637)<br>Cherubinischer Wandersmann (1657)<br>Der Abentheuerliche Simplicissimus (1668) |
| **Aufklärung** | 1720 bis 1800 | Immanuel Kant (1724–1804)<br>G. E. Lessing (1729–1781) | Was ist Aufklärung? (1784)<br>Nathan der Weise (1779) |
| **Sturm und Drang** | 1765 bis 1785 | J. W. von Goethe (1749–1832)<br>Friedrich Schiller (1759–1805) | Die Leiden des jungen Werthers (1774)<br>Die Räuber (1781) |
| **Weimarer Klassik<br>Im Umfeld der Klassik** | 1786 bis 1832 | J. W. von Goethe (1749–1832)<br>Friedrich Schiller (1759–1805)<br>Friedrich Hölderlin (1770–1843)<br>Heinrich von Kleist (1777–1811) | Faust (1790–1832)<br>Wilhelm Tell (1804)<br>Hyperion (1797–1799)<br>Michael Kohlhaas (1808) |
| **Romantik** | 1795 bis 1835 | Novalis (1772–1801)<br>Ludwig Tieck (1773–1853)<br>Joseph v. Eichendorff (1788–1857) | Hymnen an die Nacht (1800)<br>Der gestiefelte Kater (1797)<br>Aus dem Leben eines Taugenichts (1826) |
| **Biedermeier<br>„Junges Deutschland"** | 1815 bis 1848 | Eduard Mörike (1804–1875)<br>Adalbert Stifter (1805–1868)<br>Heinrich Heine (1797–1856)<br>Georg Büchner (1813–1837) | Gedichte (1838)<br>Bergkristall (1845)<br>Reisebilder (1826/27)<br>Woyzeck (1836) |
| **Realismus** | 1850 bis 1895 | Gottfried Keller (1819–1890)<br>Theodor Fontane (1819–1898) | Kleider machen Leute (1874)<br>Effi Briest (1895) |
| **Naturalismus** | 1880 bis 1900 | Gerhart Hauptmann (1862–1946) | Die Weber (1892) |
| **Impressionismus<br>Symbolismus<br>Expressionismus** | 1885 bis 1925<br>1905 bis 1925 | Hugo v. Hofmannsthal (1874–1929)<br>Rainer Maria Rilke (1875–1926)<br>Franz Kafka (1883–1924)<br>Georg Heym (1887–1912)<br>Georg Trakl (1887–1914) | Brief des Lord Chandos (1902)<br>Duineser Elegien (1922)<br>Die Verwandlung (1915)<br>Der Krieg (1911)<br>Gedichte (1913) |
| **Weimarer Republik** | 1918 bis 1933 | Thomas Mann (1875–1955)<br>Alfred Döblin (1878–1957)<br>Bert Brecht (1898–1956) | Der Zauberberg (1924)<br>Berlin Alexanderplatz (1929)<br>Dreigroschenoper (1928) |
| **Exilliteratur** | 1933 bis 1945 | Nelly Sachs (1891–1970)<br>Anna Seghers (1900–1983) | In den Wohnungen des Todes (1944)<br>Das siebte Kreuz (1942) |
| **Nachkriegsliteratur** | 1945 bis 1989 | Wolfgang Borchert (1921–1947)<br>Heinrich Böll (1917–1985)<br>Günter Grass (*1927) | Draußen vor der Tür (1947)<br>Ansichten eines Clowns (1963)<br>Die Blechtrommel (1959) |
| **Gegenwart** | 1990 bis heute | Hans Magnus Enzensberger (*1929)<br>Herta Müller (*1953) | Hammerstein oder der Eigensinn (2008)<br>Atemschaukel (2009) |

# Das Zeitalter der Aufklärung (1720–1800)

Die Aufklärung war eine gesamteuropäische philosophische Bewegung, die, von England und Frankreich ausgehend, eine neue Denk- und Geisteshaltung propagierte, indem sie alle Glaubenssätze, Meinungen und Traditionen einer kritischen Prüfung unterzog. Dadurch wurden vor allem die Kirchen, insbesondere die katholische, und der absolutistische Staat infrage gestellt. Für den einzelnen Menschen erhofften die Aufklärer so eine Befreiung von Unterdrückung und Bevormundung. Neben diesem Ziel der freien Entfaltung des Individuums forderten sie weiter Toleranz in religiösen Angelegenheiten, politisch den Verfassungsstaat und allgemein Menschlichkeit im sozialen Leben. Für dies alles galt ihnen das Denken als das entscheidende Mittel: Mithilfe des Verstandes sollte alles Gewohnte infrage gestellt werden, mittels der Vernunft hoffte man, neue Normen und Lebensformen begründen zu können.
Die Bewegung der Aufklärung, die in Westeuropa schon im 17. Jahrhundert eingesetzt hatte, erreichte Deutschland erst etwa 1720. Von da an prägte sie aber auch in Mitteleuropa das Geistesleben ganz entschieden und bewirkte gerade in der deutschen Literatur eine grundlegende Neuorientierung, vor allem durch den Dichter, Dramatiker und Theoretiker Gotthold Ephraim Lessing (1729–1781). Philosophisch war es insbesondere der Königsberger Gelehrte Immanuel Kant (1724–1804), der die Aufklärung vollendete und mit seiner ***Kritik der reinen Vernunft*** (1781) auch überwand.

**EPOCHENMERKMALE: Aufklärung**
- ein generelles Vertrauen in die menschliche Vernunft und das Denken
- ein optimistisches Menschenbild, Fortschrittsglaube und Zuversicht
- Kritik an Kirche und Staat; Absolutismus und Dogmatik werden abgelehnt
- Entdeckung der Natur als Idylle und Ort der Empfindsamkeit
- Vertrauen in die Bildungsfähigkeit jedes Menschen
- Aufgabe der Literatur: Aufklären und Belehren
- bevorzugte Gattungen: Dramatik (vor allem in Form des neu entwickelten „Bürgerlichen Trauerspiels"), Gedanken- und Naturlyrik, geistreiche Aufsätze und Abhandlungen, Fabeln, erste Bildungs- und Entwicklungsromane

**Bedeutende Aufklärer im Deutschland des 18. Jahrhunderts**
- Immanuel Kant (1724–1804): Als einer der größten Denker der gesamten Philosophiegeschichte war er überzeugter Aufklärer, der aber auch die Grenzen der Vernunfterkenntnis aufwies.
- Friedrich Gottlob Klopstock (1724–1803): Dichter und Wegbereiter neuer lyrischer Ausdrucksformen, der Freiheit und Freundschaft feierte, die Natur besang und von einer Gelehrtenrepublik träumte.
- Gotthold Ephraim Lessing (1729–1781): Schuf mit dem Lustspiel ***Minna von Barnhelm***, dem bürgerlichen Trauerspiel ***Emilia Galotti*** und dem Ideendrama ***Nathan der Weise*** die ältesten deutschen Theaterstücke, die bis heute gespielt werden; auch als Autor von Fabeln, philosophischen Abhandlungen und Schriften zur Dramentheorie bedeutsam.

- Christoph Martin Wieland (1733–1813): Dichter, Gelehrter, Übersetzer und Herausgeber; schuf mit seiner ***Geschichte des Agathon*** den ersten deutschen Bildungsroman, lebte seit 1772 fast ununterbrochen in Weimar und war durch seine Freundschaft zu Goethe und Schiller wichtiger Wegbereiter der deutschen Klassik.

*Gotthold Ephraim Lessing*

## Über Sinn und Nutzen von Dramenwerken (1767 – 1769)

Die Tragödie ist die Nachahmung einer edlen und abgeschlossenen Handlung von bestimmter Größe in gewählter Rede derart, [...] dass mithilfe von Mitleid und Furcht eine Reinigung von eben diesen Effekten bewerkstelligt wird. [...]
Die Komödie will durch Lachen bessern; aber nicht eben durch Verlachen; nicht gerade diejenigen Unarten, über die sie zu lachen macht, noch weniger bloß und allein die, an welchen sie diese lächerlichen Unarten finden. Ihr wahrer allgemeiner Nutzen liegt in dem Lachen selbst, in der Übung unserer Fähigkeit, das Lächerliche zu bemerken.

Gotthold Ephraim Lessing: Hamburgische Dramaturgie. In: ders., Gesammelte Werke, München 1959, Bd. 2, S. 59–64

*Christoph Martin Wieland*

## Über Rechte und Pflichten der Schriftsteller (1785)

Freiheit der Presse ist Angelegenheit und Interesse des ganzen Menschengeschlechtes. Ihr haben wir hauptsächlich die gegenwärtige Stufe von Kultur und Erleuchtung, worauf der größere Teil der Europäischen Völker steht, zu verdanken. Man raube uns diese Freiheit, so wird das Licht, dessen wir uns gegenwärtig erfreuen, bald wieder verschwinden; Unwissenheit wird bald wieder in Dummheit ausarten, und Dummheit uns wieder dem Aberglauben und dem Despotismus Preis geben. Die Völker werden in die Barbarei der finstern Jahrhunderte zurück sinken; und wer sich dann erkühnen wird, Wahrheiten zu sagen, an deren Verheimlichung den Unterdrückern der Menschheit gelegen ist, wird ein Ketzer und Aufrührer heißen, und als ein Verbrecher bestraft werden.
[...] Die Wissenschaften, welche für den menschlichen Verstand das sind, was das Tageslicht für unsere Augen, können und dürfen also, ohne offenbare Verletzung eines unleugbaren Menschen-Rechts, in keine anderen Grenzen eingeschlossen werden als diejenigen, welche uns die Natur selbst gesetzt hat. Alles, was wir wissen können, das dürfen wir auch wissen.

Christoph Martin Wieland: Sämmtliche Werke. Dreyssigster Band, Leipzig 1797, Seite 137 – 139.

### TIPP

Zur Literaturgeschichte finden Sie Aufgaben im Einstiegstest und Abschlusstest, vor allem aber im Zwischentest zu diesem Kapitel. Generell lohnenswert ist es, wenn Sie sich zu den genannten Autoren und Werken informieren – und wenn Sie einfach lesen, lesen ...

# Sturm und Drang (1765–1785)

Unter „Sturm und Drang" versteht man eine nur etwa zwei Jahrzehnte andauernde geistig-literarische Bewegung junger Dichter und Schriftsteller, die ab etwa 1765 gegen den herrschenden absolutistischen Staat und gegen die bürgerliche Moral energisch protestierten. Sie forderten eine veränderte Gesellschaftsordnung, die nicht länger von einer lebensfeindlichen Moral und starren Ständeschranken bestimmt sein sollte. Besondere Bedeutung hatten für die Stürmer und Dränger Gefühle und Empfindungen, wobei sie in der Naturerfahrung die Quelle von Lebendigkeit und allem Schöpferischen sahen. Ideengeschichtlich schlossen sie sich zwar teilweise an die Aufklärung an, kritisierten aber deren Rationalismus und ihr verengtes Menschenbild, das den Menschen ihrer Meinung nach allzu sehr auf sein Denken beschränkte und das menschliche Gefühlsleben außer Acht ließ. Auch wenn der Bewegung des „Sturm und Drang" zunächst der politische Erfolg völlig versagt blieb, gab sie dem literarischen Leben in Deutschland vielfältige Impulse, indem sie die folgenden Epochen von der Klassik und Romantik bis hin zu Naturalismus und Expressionismus nachhaltig beeinflusste.

**EPOCHENMERKMALE: Sturm und Drang:**
- Hochschätzung von Empfindung, Leidenschaft, Sinnlichkeit und Spontaneität
- Subjektivismus und Geniekult
- Leitidee: Befreiung des Individuums von gesellschaftlichen Schranken, um die Selbsterfahrung und Selbstverwirklichung des Einzelnen zu ermöglichen
- leidenschaftliche Ablehnung von starren Regeln und moralischen Konventionen
- vehemente, oft pauschale Gesellschafts- und Kulturkritik
- Überhöhung von Natur und Natürlichkeit als Mittel zur Erlösung von der traditionellen „unnatürlichen" Gesellschaftsordnung
- bevorzugte Gattungen: das Drama, besonders die Tragödie, die dem leidenschaftlichen Lebensgefühl der Epoche am meisten entspricht; Neigung zum Autobiografischen; Lyrik in Ballade, Hymne und Lied als Ausdruck persönlich-subjektiven Erlebens
- stark emotional-überschwängliche, oft auch pathetische Sprache
- großes Interesse an früher Dichtung und Volksdichtung nicht nur der deutschen Literatur

**Bedeutende Vertreter des Sturm und Drang**
- Johann Gottfried Herder (1744–1803): Bedeutender Dichter und Denker, der bei Kant studierte, dennoch vor allem den Eigenwert des Gefühllebens betonte, und als Sprach- und Geschichtsphilosoph großen Einfluss auf Mit- und Nachwelt hatte.
- Der junge Goethe (1749–1832): Früh von Herder beeinflusst, wurde er schnell zum führenden Kopf der jungen Bewegung und gab ihr wegweisende Impulse in Lyrik, Dramatik und Epik mit seinen ***Sesenheimer Liedern*** über Liebe und Natur (1770/71) und der Hymne ***Prometheus***, seinem kraftvollen Schauspiel ***Götz von Berlichingen*** (1773) und seinem Briefroman ***Die Leiden des jungen Werthers***, der Goethe auf einen Schlag in ganz Europa berühmt machte.

- Der junge Schiller (1759–1805): Durch sein erstes Drama ***Die Räuber*** wurde der damals gerade 22-jährige Schiller über Nacht bekannt. Idealistischer Überschwang und mitreißende Leidenschaftlichkeit machten auch sein 1784 uraufgeführtes Schauspiel ***Kabale und Liebe*** zu einem großen Bühnenerfolg, der bis heute anhält.

*Johann Gottfried Herder*

## Journal meiner Reise im Sommer 1769

Gott! was verliert man, in gewissen Jahren, die man nie wieder zurückhaben kann, durch gewaltsame Leidenschaften, durch Leichtsinn, durch Hinreißung in die Laufbahn des Hazards[1].

Ich beklage mich, ich habe gewisse Jahre von meinem menschlichen Leben verloren. Und lag's nicht bloß an mir, sie zu genießen? Bot mir nicht das Schicksal selbst die ganze fertige Anlage dazu dar? [...] Ich wäre nicht ein Tintenfass von gelehrter Schriftstellerei, nicht ein Wörterbuch von Künsten und Wissenschaften geworden, die ich nicht gesehen habe und nicht verstehe: Ich wäre nicht ein Repositorium[2] voll Papiere und Büchern geworden, das nur in die Studierstube gehört.

Johann Gottfried Herder: Sämtliche Werke. Hrsg.: Bernhard Suphan. 4. Bd., Berlin 1878, S. 345 ff.

1 Zufall, Glücksspiel 2 Lager, Aufbewahrungsort

*Johann Wolfgang von Goethe*

## Die Leiden des jungen Werthers (1774)

Und weil ich so viel mit mir selbst zu tun habe und dieses Herz so stürmisch ist – ach, ich lasse gern die andern ihres Pfades gehen, wenn sie mich nur auch könnten gehen lassen. Was mich am meisten neckt, sind die fatalen bürgerlichen Verhältnisse. Zwar weiß ich so gut als einer, wie nötig der Unterschied der Stände ist, wie viel Vorteile er mir selbst verschafft: nur soll er mir nicht eben selbst im Wege stehen, wo ich noch ein wenig Freude, einen Schimmer von Glück auf dieser Erde genießen könnte. [...]

Man möchte rasend werden, Wilhelm, dass es Menschen geben soll ohne Sinn und Gefühl an dem wenigen, was auf Erden noch einen Wert hat. Du kennst die Nussbäume, unter denen ich bei dem ehrlichen Pfarrer zu St. ... mit Lotten gesessen, die herrlichen Nussbäume! die mich, Gott weiß, immer mit dem größten Seelenvergnügen füllten! Wie vertraulich sie den Pfarrhof machten, wie kühl! Und wie herrlich die Äste waren! [...] Ich sage Dir, dem Schulleiter standen die Tränen in den Augen, da wir gestern davon redeten, dass sie abgehauen werden – Abgehauen! Ich möchte toll werden, ich könnte den Hund erschießen, der den ersten Hieb dran tat.

Johann Wolfgang von Goethe: Die Leiden des jungen Werthers, Reclam, Stuttgart 1976, S. 73, 94.

**TIPP**

Je älter ein literarisches Werk ist, desto ungewöhnlicher sind mitunter Wortschatz und Satzbau. Informieren Sie sich zu Wortbedeutung und -geschichte, wenn Sie etwas nicht verstehen.

# Die Weimarer Klassik (1786–1832)

Als „Klassik" bezeichnet man in der deutschen Literaturgeschichte die fast ausschließlich von Goethe und Schiller geprägte Epoche, die in der engen Zusammenarbeit der beiden „Dichterfürsten" von 1794 bis zu Schillers Tod 1805 ihren Höhepunkt hatte und im thüringischen Weimar ihre Heimstätte fand. Weiter gefasst, begann die Weimarer Klassik mit Goethes Italienischer Reise 1786 und endete erst mit seinem Tod 1832.
Ziel der Klassik war die harmonische Entfaltung des Menschen durch eine Verbindung von Denken und Gefühl, von Pflicht und Neigung, Sinnlichkeit und Ideal. Schiller und Goethe hofften, dass Dichtung und Kunst zu einer dauerhaften Veredlung des menschlichen Charakters und seines ganzen Wesens beitragen können. Hierfür orientierten sie sich an der klassischen Antike Griechenlands und Roms, die ihnen Maßstab und Vorbild für das eigene künstlerische Schaffen war.
Dieses Bestreben fand seinen Niederschlag in einer Dichtkunst, die sich durch harmonisches Maß, Formtreue und einen ebenmäßigen Rhythmus auszeichnete. Die eigentliche Humanität hofften Goethe und Schiller dadurch zu erreichen, dass der Mensch durch Anschauung des in sich stimmigen Schönen zum Wahren und Guten findet.

**EPOCHENMERKMALE: Klassik**

- Hochschätzung von Ausgewogenheit und Balance zwischen den Gegensätzen
- Ablehnung alles Überspannten und Widersprüchlichen
- Integrierung von Natur und Sinnlichkeit in eine von der Vernunft gelenkte Lebensführung
- Leitidee: Veredlung des allseits gebildeten Menschen durch die Kunst
- Aufgabe der Kunst: Sie soll das Schöne vollendet zur Darstellung bringen und so den Menschen zugleich erfreuen und bilden
- strikte Beachtung von Regeln, Formen und Rhythmen in der Dichtkunst
- innerer und äußerer Abstand zu Politik und Gesellschaft, die als nur langfristig veränderbar angesehen werden
- bevorzugte Gattungen: Klassisches Drama; Gedanken- und Naturlyrik; Novellen
- abgeklärte, harmonisierend wirkende, wohltönende Sprache
- großes Interesse an früheren klassischen Epochen in der Geschichte, vor allem am antiken Griechenland und an der italienischen Renaissance

**Bedeutende Vertreter der Klassik**

- Johann Wolfgang von Goethe (1749–1832): Nach seiner Sturm- und Drang-Phase sucht Goethe seit etwa 1780 nach Mitte und Maß, um Extreme künftig zu meiden. Dies gelingt ihm in einer seltenen Lebenskunst, die sich auch in seinen vollendeten literarischen Werken spiegelt. Dabei erweist er sich in Lyrik, Dramatik und Epik als überragender Dichter und Denker, der mit seinem ***Faust***, dem ***Wilhelm Meister*** und seinen Gedichten Weltgeltung erlangt.
- Friedrich Schiller (1759–1805): Durch die von ihm initiierte Freundschaft zu Goethe verwandelt sich auch Schiller zu dem nach Harmonie und Maß strebenden Klassiker,

dessen Dramen (***Don Karlos***; ***Die Jungfrau von Orleans***; ***Wilhelm Tell***), Gedichte (***Die Bürgschaft***; ***Die Glocke***) und philosophische Abhandlungen zu den Gipfelpunkten der deutschen Literatur zählen.

Weitere wichtige Dichter und Denker im Umfeld der Klassik:

- Friedrich Hölderlin (1770–1843)
- Heinrich von Kleist (1777–1811)

*Johann Wolfgang von Goethe*

## Natur und Kunst (1800)

Natur und Kunst, sie scheinen sich zu fliehen
Und haben sich, eh man es denkt, gefunden;
Der Widerwille ist auch mir verschwunden,
Und beide scheinen gleich mich anzuziehen.

Es gilt wohl nur ein redliches Bemühen!
Und wenn wir erst in abgemessnen Stunden
Mit Geist und Fleiß uns an die Kunst gebunden,
Mag frei Natur im Herzen wieder glühen.

So ist's mit aller Bildung auch beschaffen:
Vergebens werden ungebundne Geister
Nach der Vollendung reiner Höhe streben.

Wer Großes will, muss sich zusammenraffen;
In der Beschränkung zeigt sich erst der Meister,
Und das Gesetz nur kann uns Freiheit geben.

Goethes Werke. Hrsg.: Erich Trunz, Hamburg 1960, Bd. 1. S. 40

*Friedrich Schiller*

## Die Worte des Glaubens (1798)

Drei Worte nenn ich euch, inhaltsschwer,
Sie gehen von Mund zu Munde,
Doch stammen sie nicht von außen her,
Das Herz nur gibt davon Kunde.
Dem Menschen ist aller Wert geraubt,
Wenn er nicht mehr an die drei Worte glaubt.

Der Mensch ist frei geschaffen, ist frei,
Und würd er in Ketten geboren;
Lasst euch nicht irren des Pöbels Geschrei,
Nicht den Missbrauch rasender Toren.
Vor dem Sklaven, wenn er die Kette bricht,
Vor dem freien Menschen erzittert nicht!

Und die Tugend, sie ist kein leerer Schall,
Der Mensch kann sie üben im Leben,
Und sollt er auch straucheln überall,
Er kann nach der göttlichen streben,
Und was kein Verstand der Verständigen sieht,
Das übet in Einfalt ein kindlich Gemüt.

Und ein Gott ist, ein heiliger Wille lebt,
Wie auch der menschliche wanke,
Hoch über der Zeit und dem Raume webt
Lebendig der höchste Gedanke;
Und ob alles in ewigem Wechsel kreist,
Es beharret im Wechsel ein ruhiger Geist.

Die drei Worte bewahret euch, inhaltsschwer,
Sie pflanzet von Munde zu Munde,
Und stammen sie gleich nicht von außen her,
Euer Innres gibt davon Kunde.
Dem Menschen ist nimmer sein Wert geraubt,
Solang er noch an die drei Worte glaubt.

Friedrich Schiller: Gesammelte Werke. Hrsg.: H.-G. Thalheim, Berlin (Ost) 1980, Bd.1, S. 436

# Die Romantik (1795–1835)

Gegen Ende des 18. Jahrhunderts waren der Optimismus und der Fortschrittsglaube der Aufklärung verflogen, die Französische Revolution war durch Terror und Krieg beschmutzt und die Ideale der Weimarer Klassik erschienen lebensfern und abstrakt. In dieser Zeit, als auch schon die Industrielle Revolution ihre Schatten voraus warf und eine erste Technisierung einsetzte, sehnten sich die Vertreter einer neuen Generation nach einer vergangenen Welt zurück, die sie idealisierten und verklärten.
Ihr Ziel war es nicht mehr, die Welt zu analysieren und intellektuell zu verstehen. Vielmehr wollten sie die Welt „poetisieren" und „romantisieren". Diese ersehnte „Wiederverzauberung der Welt" war nicht zuletzt eine Reaktion auf die Krisenerfahrungen in der Zeit der napoleonischen Kriege. Die Romantik war aber mehr als nur eine bloße Flucht vor der Wirklichkeit, denn ihre Vertreter pflegten auch das gesellige Leben und Freundschaftsbündnisse, in denen sie sich austauschten und intensiv miteinander kommunizierten. Zudem haben sie der Nachwelt unschätzbare Dienste dadurch getan, dass sie mündlich überliefertes altes Volksgut wie Märchen, Lieder und Geschichten aufgezeichnet und so vor dem Vergessen bewahrt haben.

**EPOCHENMERKMALE: Romantik**

- unerfüllbare Sehnsucht als zentrales Gefühl und Motiv
- besondere Bedeutung der Nacht (Mondschein) und des Dunklen, aber auch des Wunderbaren
- Einbeziehung von Traumwelt, Einbildungen und Unbewusst-Dämonischem
- idyllische Verklärung von Natur und einfachem Volkstum
- Leitidee: Erlösung des Menschen durch Kunst, Musik und Religion
- Aufgabe der Kunst: Sie soll die Welt romantisieren und so für den leidenden Menschen erträglich machen.
- Aufgabe der Formstrenge; Bevorzugung von ungebundenen offenen Formen wie dem Fragment (= Bruchstück)
- nur begrenztes Interesse an Politik und Gesellschaft bei einer in der Regel konservativen Gesinnung
- bevorzugte Gattungen: Gedichte, Hymnen und Lieder; Märchen und fantastische Erzählungen; Sagen, Legenden und alte Geschichten
- abgründige, vielschichtige, bildhafte Sprache
- Liebe zur Heimat und zu weit zurückliegenden Zeitaltern wie dem Mittelalter, dem vorklassischen Griechenland und der altindischen Zeit.

**Bedeutende Vertreter der Romantik**

- Novalis (1772–1801): Eigentlich Friedrich Freiherr von Hardenberg, der früh verstorbene führende Kopf der Frühromantik, der auch als Philosoph und Bergbauingenieur hervortrat, ansonsten aber als Dichter (***Hymnen an die Nacht***) und Erzähler (in seinem ***Heinrich von Ofterdingen*** erscheint die „Blaue Blume", das bekannteste Symbol der Romantik) überragende Bedeutung hatte.

- Bettina von Arnim (1785 – 1859): Wichtige Dichterin und Schriftstellerin der Romantik, die auch für die Armen und die Gleichstellung der Frau eintrat.
- Brüder Grimm (Jakob 1785 – 1863 und Wilhelm 1786 – 1859): Sprachwissenschaftler und Sammler von Märchen (***Grimms Märchen***), Begründer der Germanistik als Wissenschaft und Liebhaber der deutschen Sprache.
- Joseph von Eichendorff (1788 – 1857): Bedeutender Lyriker, dessen zahlreiche Gedichte sehr oft vertont wurden, und Erzähler (***Aus dem Leben eines Taugenichts***).
- Gebrüder Schlegel (August Wilhelm, 1767 - 1845, und Friedrich, 1772 - 1829): Literaturhistoriker und Übersetzer, Kunstkritiker und Kulturphilosophen, die sich auch besonders mit den indischen Weisheitslehren beschäftigten

*Novalis*

## Wenn nicht mehr Zahlen und Figuren (1800)

Wenn nicht mehr Zahlen und Figuren
Sind Schlüssel aller Kreaturen
Wenn die, so singen oder küssen,
Mehr als die Tiefgelehrten wissen,
Wenn sich die Welt ins freie Leben
Und in die Welt wird zurückbegeben,
Wenn dann sich wieder Licht und Schatten
Zu echter Klarheit wieder gatten,
Und man in Märchen und Gedichten
Erkennt die wahren Weltgeschichten,
Dann fliegt vor einem geheimen Wort
Das ganze verkehrte Wesen fort.

Novalis: Schriften. Hrsg.: Paul Kluckhohn und Richard Samuel. Kohlhammer, Stuttgart 1977, Bd. 1, S. 344.

*Bettina von Arnim*

## Auf diesem Hügel (1840)

Auf diesem Hügel überseh ich meine Welt!
Hinab ins Tal, mit Rasen sanft begleitet,
Vom Weg durchzogen, der hinüber leitet,
Das weiße Haus inmitten aufgestellt,
Was ist's, worin sich hier der Sinn gefällt?

Auf diesem Hügel überseh ich meine Welt!
Erstieg ich auch der Länder steilste Höhen,
Von wo ich könnt die Schiffe fahren sehen
Und Städte fern und nah von Bergen stolz
umstellt,
Nichts ist's, was mir den Blick gefesselt hält.

Auf diesem Hügel überseh ich meine Welt!
Und könnt ich Paradiese überschauen,
Ich sehnte mich zurück nach jenen Auen,
Wo Deines Daches Zinne meinem Blick sich
stellt,
Denn der allein umgrenzet meine Welt.

Lyrik der Romantik, München 1986, S. 97

# Biedermeier und „Junges Deutschland" (1815–1848)

Mit dem Ende der napoleonischen Kriege begann in Mitteleuropa die Zeit der „Restauration", in der der Kaiser, die Könige und Fürsten versuchten, die alte monarchische Ordnung wiederherzustellen und die Errungenschaften der Französischen Revolution vergessen zu machen. Viele Dichter und Denker resignierten angesichts des reaktionären „Systems Metternich", das mit polizeistaatlichen Mitteln das Geistesleben einschnürte, und zogen sich in ihr Privatleben zurück. Diese „Biedermeierkultur" übte „holdes Bescheiden" (Eduard Mörike) und richtete sich in ihrer kleinbürgerlichen Idylle behaglich ein.
Gegen die Restauration wandte sich der engagierte Protest des „Jungen Deutschland", einer Gruppe liberal gesinnter junger Dichter und Schriftsteller, die sich für Freiheit und Sozialismus, für Fortschritt und Veränderung einsetzten. Diese Richtung wird auch als „Vormärz" bezeichnet, da sie in der Zeit vor der Märzrevolution 1848 wirksam war.

**EPOCHENMERKMALE: Biedermeierkultur**
- Heimatverbundenheit und Patriotismus
- Pflege der Traditionen in Religion und Gesellschaft
– „Andacht zum Kleinen" (Adalbert Stifter)
- Besinnung und Beschränkung auf das private Glück
- bevorzugte Gattungen: kleine Formen wie kurze Erzählungen, Stimmungsbilder, Skizzen, kurze Gedichte

**„Junges Deutschland" und „Vormärz"**
- scharfe, oft spöttisch-satirische Zeit- und Gesellschaftskritik
- materialistisch-atheistische Grundhaltung
- Ziel: Aufklären und Belehren; Aufruf zu Protest und Kampf
- bevorzugte Formen: Prosa und Zeitungsartikel

**Bedeutende Vertreter in der Zeit der Restauration**
- Eduard Mörike (1804–1875): Schwäbischer Dichter und Erzähler, der seine Heimat liebevoll-hintergründig verklärte und in sich vollendete zeitlos-schöne Gedichte schrieb, die bis heute Bestand haben.
- Adalbert Stifter (1805–1868): Großer österreichischer Epiker des Biedermeier, der in seinen Erzählungen und Romanen zu echter Menschlichkeit erziehen wollte, indem er das in Selbstbescheidung und Andacht gelebte Dasein als wahrhaft groß darstellte.
- Heinrich Heine (1797–1858): Bedeutendster Kopf des „Jungen Deutschland", das er jedoch weit überragte; seine Poesie ist mal geistreich-spöttisch, mal tiefgründig-melancholisch.
- Georg Büchner (1813–1837): Jung verstorbener genialer Dramatiker und revolutionärer Schriftsteller des „Vormärz", dessen Schauspiele (***Dantons Tod***; ***Leonce und Lena***; ***Woyzeck***) erst lange nach seinem Tod wirklich entdeckt wurden und die wegen ihrer Modernität heute zu den meistgespielten deutschen Bühnenwerken überhaupt zählen.

*Adalbert Stifter*

## Sanftes Gesetz (1853)

Das Wehen der Luft, das Rieseln des Wassers, das Wachsen der Getreide, [...], das Schimmern der Gestirne halte ich für groß: das prächtig einher ziehende Gewitter, [...], das Erdbeben, welches Länder verschüttet, halte ich nicht für größer als obige Erscheinungen, ja ich halte sie für kleiner, weil sie nur Wirkungen viel höherer Gesetze sind. [...] So wie es in der äußeren Natur ist, so ist es auch in der inneren, in der des menschlichen Geschlechtes. Ein ganzes Leben voll Gerechtigkeit, Einfachheit, Bezwingung seiner selbst, Verstandesmäßigkeit, Wirksamkeit in seinem Kreis, Bewunderung des Schönen, verbunden mit einem heiteren gelassenen Sterben, halte ich für groß: mächtige Bewegungen des Gemütes, furchtbar einher rollenden Zorn, die Begier nach Rache, den entzündeten Geist, der nach Tätigkeit strebt, umreißt, ändert, zerstört und in der Erregung oft das eigene Leben hinwirft, halte ich nicht für größer, sondern für kleiner, da diese Dinge so gut nur Hervorbringungen einzelner und einseitiger Kräfte sind, wie Stürme, Feuer speiende Berge, Erdbeben. Wir wollen das sanfte Gesetz zu erblicken suchen, wodurch das menschliche Geschlecht geleitet wird.

Adalbert Stifter: Vorrede zu „Bunte Steine". Hrsg.: M. Stefl. Bd. 9, Darmstadt 1963, S. 5 f.

*Heinrich Heine*

## Das Fräulein stand am Meere (1832)

Das Fräulein stand am Meere
Und seufzte lang und bang,
Es rührte sie so sehre
Der Sonnenuntergang.

Mein Fräulein! Sein Sie munter,
Das ist ein altes Stück;
Hier vorne geht sie unter
Und kehrt von hinten zurück.

Zit. nach: Karl Otto Conrady: Das große deutsche Gedichtbuch. o. O. 1977, S. 473.

*Georg Büchner*

## Aus dem Hessischen Landboten (1834)

Friede den Hütten! Krieg den Palästen! Im Jahre 1834 siehet es aus, als würde die Bibel Lügen gestraft. Es sieht aus, als hätte Gott die Bauern und Handwerker am fünften Tage und die Fürsten und Vornehmen am sechsten gemacht, und als hätte der Herr zu diesen gesagt: „Herrschet über alles Getier, das auf Erden kriecht", und hätte die Bauern und Bürger zum Gewürm gezählt. Das Leben der Vornehmen ist ein langer Sonntag: sie wohnen in schönen Häusern, sie tragen zierliche Kleider, sie haben feiste Gesichter und reden eine eigne Sprache; das Volk aber liegt vor ihnen wie Dünger auf dem Acker. Der Bauer geht hinter dem Pflug, der Vornehme aber geht hinter ihm und dem Pflug und treibt ihn mit den Ochsen am Pflug, er nimmt das Korn und lässt ihm die Stoppeln. Das Leben des Bauern ist ein langer Werktag; Fremde verzehren seine Äcker vor seinen Augen, sein Leib ist eine Schwiele, sein Schweiß ist das Salz auf dem Tische des Vornehmen.

Georg Büchner: Lenz. Der Hessische Landbote. Reclam, Stuttgart 1977, S. 37 f.

# Realismus und Naturalismus (1850–1900)

Nach der gescheiterten Revolution von 1848/49 hatten sich die Hoffnungen des aufgeklärten deutschen Bürgertums in Nichts aufgelöst. In wirtschaftlich-technischer Hinsicht setzte nun allerdings, bedingt durch die Industrialisierung, ein rasanter gesellschaftlicher Wandel ein, in dessen Verlauf die Arbeiterklasse eine immer wichtigere Rolle spielte. Literarisch wurde die Zeit seit 1850 vor allem durch den „poetischen Realismus" bestimmt, der die konservative Romantik ebenso ablehnte wie die revolutionäre Dichtung des „Vormärz". Dem Realismus ging es um eine wirklichkeitsgetreue Darstellung des Lebens, die jedoch durch die künstlerische Gestaltungskraft des Schriftstellers „poetisch" verwandelt werden durfte.
Gegen diese Tendenz der Verklärung einer oft alles andere als angenehmen sozialen Wirklichkeit wendeten sich die Anhänger des „Naturalismus", die seit etwa 1880 daran gingen, die gesellschaftliche Realität gänzlich ungeschminkt darzustellen, indem sie auch das Hässliche und das Elend vor allem der unterprivilegierten Schichten öffentlich zur Sprache brachten.

**EPOCHENMERKMALE: Poetischer Realismus**
- präzise detailgetreue Wiedergabe der Wirklichkeit
- Beschreibung auch der Innenwelt und der Gefühle der Protagonisten („psychologischer Realismus")
- keine Kritik an der Gesellschaft, die durch die Kunst verwandelt werden soll
- bevorzugte Gattungen: Prosa, vor allem Erzählungen und Romane; Lyrik

**Naturalismus**
- gesellschaftskritische, von den Naturwissenschaften beeinflusste Grundhaltung
- engagierter Protest gegen Massenelend und soziale Missstände
- detaillierte Darstellung auch des Abstoßenden (wie z. B. von Kriminalität, Prostitution, Ausbeutung und Alkoholismus) unter Benutzung von Dialekt- und Soziolektsprachen
- Ziel: Sensibilisierung der Öffentlichkeit für die Situation der Unterschichten
- bevorzugte Formen: Dramen, Prosalyrik.

**Bedeutende Vertreter von Realismus und Naturalismus**
- Gottfried Keller (1819–1890): Großer Schweizer Erzähler und Lyriker des bürgerlichen Realismus; einige seiner Novellen (z. B. ***Kleider machen Leute***) erlangten Weltruhm.
- Theodor Fontane (1819–1898): Wichtigster deutscher Repräsentant des poetischen Realismus, gleichermaßen als Balladendichter wie als Erzähler bedeutend; sein Roman ***Effi Briest*** zählt unbestritten zur Weltliteratur.
- Gerhart Hauptmann (1862–1946): Bereits in jungen Jahren geistiger Kopf des Naturalismus, dessen bedeutendste Theaterstücke (vor allem: ***Die Weber***, 1892, ***Der Biberpelz***, 1893) er verfasste; nach der Jahrhundertwende bezog er andere Stilrichtungen in sein literarisches Schaffen mit ein und galt mehrere Jahrzehnte im In- und Ausland als der Repräsentant deutscher Literatur schlechthin.

*Theodor Fontane*

## Was verstehen wir unter Realismus? (1853)

Vor allen Dingen verstehen wir *nicht* darunter das nackte Wiedergeben alltäglichen Lebens, am wenigsten seines Elends und seiner Schattenseiten. Traurig genug, dass es nötig ist, derlei sich von selbst verstehende Dinge noch erst versichern zu müssen. Aber es ist noch nicht allzu lange her, dass man (namentlich in der Malerei) Misere mit Realismus verwechselte und bei Darstellung eines sterbenden Proletariers, den hungernde Kinder umstehen, oder gar bei Produktionen jener sogenannten Tendenzbilder (schlesische Weber, das Jagdrecht u. dgl. m.) sich einbildete, der Kunst eine glänzende Richtung vorgezeichnet zu haben. Diese Richtung verhält sich zum echten Realismus wie das rohe Erz zum Metall: die Läuterung fehlt. Wohl ist das Motto des Realismus der Goethesche Zuruf:

*Greif nur hinein ins volle Menschenleben,*
*Wo du es packst, da ist's interessant,*

aber freilich, die Hand, die diesen Griff tut, muss eine künstlerische sein. Das Leben ist doch immer nur der Marmorsteinbruch, der den Stoff zu unendlichen Bildwerken in sich trägt; sie schlummern darin, aber nur dem Auge des Geweihten sichtbar und nur durch seine Hand zu erwecken. Der Block an sich, nur herausgerissen aus einem größeren Ganzen, ist noch kein Kunstwerk, und dennoch haben wir die Erkenntnis als einen unbedingten Fortschritt zu begrüßen, dass es zunächst des Stoffes, oder sagen wir lieber des Wirklichen, zu allem künstlerischen Schaffen bedarf.

Zit. nach: Andreas Huyssen (Hrsg.): Die deutsche Literatur in Text und Darstellung. Bd. 11. Bürgerlicher Realismus. Stuttgart: 1977, S. 56 f.

*Gottfried Keller*

## Abendlied (1879)

Augen, meine lieben Fensterlein,
Gebt mir schon so lange holden Schein,
Lasset freundlich Bild um Bild herein:
Einmal werdet ihr verdunkelt sein!

Fallen einst die müden Lider zu,
Löscht ihr aus, dann hat die Seele Ruh',
Tastend streift sie ab die Wanderschuh',
Legt sich auch in ihre finstre Truh'.

Noch zwei Fünklein sieht sie glimmend stehn
Wie zwei Sternlein, innerlich zu sehn,
Bis sie schwanken und dann auch vergehn,
Wie von eines Falters Flügelwehn.

Doch noch wandl' ich auf dem Abendfeld,
Nur dem sinkenden Gestirn gesellt;
Trinkt, O Augen, was die Wimper hält,
Von dem goldnen Überfluss der Welt!

Zit. nach: Karl Otto Conrady: Das große deutsche Gedichtbuch. o.O. 1977, S. 535.

# Impressionismus, Symbolismus und Expressionismus (1885–1925)

Die Zeit des ausgehenden 19. Jahrhunderts und der Beginn des mit großen Zukunftserwartungen begrüßten neuen Jahrhunderts war in der deutschen Literatur ebenso wie in der Kunst allgemein eine sehr lebendige und vielgestaltige Epoche, die eine Reihe neuer Stilrichtungen hervorbrachte: Parallel und in ausdrücklichem Gegensatz zum Naturalismus entwickelte sich in der Malerei und in der Dichtung zunächst der Impressionismus, der besonderen Wert auf die Eindrücke legte, die der Mensch in der Welt macht und die er mithilfe der Kunst zu verarbeiten sucht. Dabei kam es den Impressionisten nicht mehr darauf an, die Realität möglichst detailgetreu nachzubilden, sondern darauf, sie subjektiv zu gestalten und dabei die eigene Innenwelt mit einzubringen.
Ähnlich setzten sich auch die Symbolisten von Realismus, Naturalismus und den ganz auf Objektivität ausgerichteten Naturwissenschaften ab. Sie suchten im Symbol ein treffendes Sinnbild für Vorgänge und Eindrücke, die wiederum stark subjektiv geprägt waren. Damit sollte eine höhere Wirklichkeit geahnt oder neu geschaffen werden, die über die materielle Sinnenwelt hinausgeht.
Gegen diese symbolische Wirklichkeitsüberhöhung richtete sich der Expressionismus, der sich auch von dem selbstgefälligen Bürgertum des Wilhelminischen Kaiserreichs angeekelt abwandte. Angesichts der Krisenerfahrungen in der Zeit vor, während und nach dem Ersten Weltkrieg (1914–1918) brachen die Expressionisten radikal mit den überlieferten Formen und Normen.

**EPOCHENMERKMALE: Impressionismus und Symbolismus:**
- nuancenreiche Wiedergabe von persönlichen Eindrücken (frz.: *impressions*), die durch den Künstler gesteigert und im Symbolismus zum Sinnbild verdichtet werden
- subjektive Stimmungsbilder und Momentaufnahmen
- mithilfe von Kunst und Literatur soll eine schöne Gegenwelt geschaffen werden
- Gesellschaftskritik spielt, wenn überhaupt, nur eine geringe Rolle
- bevorzugte Gattungen: Kürzere Texte wie vor allem Gedichte (in ganz neuen literarischen Formen), Essays, Prosaskizzen und Einakter

**Expressionismus**
- lautstarker Ausdruck der eigenen Innenwelt und der eigenen Befindlichkeit
- Ausbruch aus allen bürgerlichen Konventionen und Schrei nach innerer Wahrheit und eigentlichem Leben, Suche nach Brüderlichkeit und Lebensgemeinschaft
- apokalyptische Endzeitvisionen und Erlösungssehnsucht
- Rolle der Kunst und des Künstlers: Prophet und Künder einer neuen besseren Welt
- bevorzugte Formen: Lyrik, Erzählungen

**Bedeutende Vertreter dieser Epoche**

- Hugo von Hofmannsthal (1874–1929): Äußerst vielseitiger österreichischer Lyriker, Dramatiker, Erzähler und Essayist sowie bedeutender Vertreter des Symbolismus.
- Rainer Maria Rilke (1875–1926): Hochsensibler Dichter, der sich nach impressionistischen Anfängen dem Symbolismus zuwandte und mit seinen späten Gedichten in der deutschen Lyrik ganz neue und so nicht wieder erreichte Ausdrucksformen des Fühlens und Sagens erschloss.
- Franz Kafka (1883–1924): Prager Versicherungsangestellter und Schriftsteller, der mit seinen Erzählungen und Romanen (u.a. ***Das Urteil***, 1912, ***Die Verwandlung***, 1915, ***Der Prozess***, 1925) zu Weltruhm gelangte und in einzigartiger Weise die nicht greifbare „Schuld" des Einzelnen beschrieben hat, der sich übermächtigen fremden Instanzen schutzlos und unentrinnbar ausgeliefert sieht.
- Georg Heym (1887–1912): Sprachlich und an Ausdruckskraft überlegener Dichter des frühen Expressionismus, den er mit seinen Schreckensvisionen und Kriegsahnungen entscheidend mitprägte.
- Georg Trakl (1887–1914): Hochbegabter und schon zu Beginn des Ersten Weltkriegs verstorbener österreichischer expressionistischer Lyriker, der zugleich dem Symbolismus nahestand und der in seinen Gedichten vor allem Tod und Verfall thematisierte.

*Rainer Maria Rilke*

## Herbst (1902)

Die Blätter fallen, fallen wie von weit,
als welkten in den Himmeln ferne Gärten;
sie fallen mit verneinender Gebärde.

Und in den Nächten fällt die schwere Erde
aus allen Sternen in die Einsamkeit.

Wir alle fahren. Diese Hand da fällt.
Und sieh dir andre an: es ist in allen.

Und doch ist Einer, welcher dieses Fallen
Unendlich sanft in seinen Händen hält.

Rainer Maria Rilke: Werke. Insel Verlag, Wiesbaden 1955, S. 156.

*Franz Kafka*

## Gibs auf! (1922)

Es war sehr früh am Morgen, die Straßen rein und leer, ich ging zum Bahnhof. Als ich eine Turmuhr mit meiner Uhr verglich, sah ich, dass es schon viel später war, als ich geglaubt hatte, ich musste mich sehr beeilen, der Schrecken über diese Entdeckung ließ mich im Weg unsicher werden, ich kannte mich in dieser Stadt noch nicht sehr gut aus, glücklicherweise war ein Schutzmann in der Nähe, ich lief zu ihm hin und fragte ihn atemlos nach dem Weg. Er lächelte und sagte: „Von mir willst du den Weg erfahren?" „Ja", sagte ich, „da ich ihn selbst nicht finden kann." „Gibs auf, gibs auf", sagte er und wandte sich mit einem großen Schwunge ab, so wie Leute, die mit ihrem Lachen allein sein wollen.

Franz Kafka: Sämtliche Erzählungen. Hrsg.: Paul Raabe, S. Fischer Verlag Frankfurt a.M. 1970, S. 320 f.

# Weimarer Republik und Exilliteratur (1918 – 1945)

Die Urkatastrophe Europas, der Erste Weltkrieg (1914 – 1918), bewirkte in Deutschland und in Österreich eine allgemeine Orientierungslosigkeit und die Desillusionierung breitester Schichten. Dennoch und gerade deshalb war das literarische Leben der 1920er-Jahre sehr lebendig und vielfältig: Gegen den Expressionismus, der den Weltkrieg vorausgeahnt und als Stilrichtung überdauert hatte, etablierte sich in Architektur und Literatur die „Neue Sachlichkeit", die ohne Pathos und Sentimentalität die wirtschaftliche und soziale Wirklichkeit objektiv darzustellen suchte. Daneben gab es die sogenannte „Kriegsliteratur", in der versucht wurde, den Krieg mit dichterischen Mitteln zu bewältigen.
Das Jahr 1933 bedeutete mit der Machtergreifung der Nationalsozialisten einen tiefen Einschnitt auch in der deutschen Literaturgeschichte, denn fortan wurden die bedeutendsten Dichter und Schriftsteller verfemt, ihre Bücher verboten und verbrannt. Mehr als 2.000 deutsche Schriftsteller verließen wegen dieser barbarischen Kulturpolitik und aus Angst vor Verfolgung und Tod das nationalsozialistische Deutschland und gingen ins Exil. Dort haben die meisten versucht, schreibend gegen das Unrechtsregime anzugehen und es vom Ausland aus mit literarischen Mitteln zu bekämpfen.

**EPOCHENMERKMALE: „Neue Sachlichkeit"**

- leidenschaftslose scharfe Beobachtung ohne Schnörkel und ohne Beschönigung
- Ziel: nüchtern-dokumentarische Abbildung der Wirklichkeit
- Verzicht auf Bilder, Impressionen und besonderen künstlerischen Anspruch
- Die Sprache sollte allgemeinverständlich, einfach, sachlich und klar sein
- bevorzugte Gattungen: Gebrauchslyrik, Brechts „episches Theater", Romane und Satiren

**Bedeutende Vertreter der Zeit von 1918 – 1945**

- Thomas Mann (1875 – 1955): Der Lübecker Erzähler und Schriftsteller wurde als Romanautor (u. a.: ***Buddenbrooks***, 1902, ***Der Zauberberg***, 1924, ***Doktor Faustus***, 1947) weltberühmt; in der Weimarer Republik setzte er sich für Demokratie und Humanität ein; 1933 ging er ins Exil und lebte nach 1945 demonstrativ in der Schweiz.
- Alfred Döblin (1878-1956): Als Berliner Nervenarzt schrieb er mit ***Berlin Alexanderplatz*** (1929) den deutschen Großstadtroman schlechthin. 1933 emigrierte er erst in die Schweiz und dann nach Frankreich.
- Bertolt Brecht (1898 – 1956): Bereits in jungen Jahren wurde er in der Weimarer Republik als Dramatiker und Dichter bekannt; 1933 emigrierte er, nach 1949 lebte er in der DDR. Seine nüchtern-sachliche Art zu schreiben, die Begründung des epischen Theaters und seine großen Theaterstücke (u. a.: ***Dreigroschenoper***, 1928, ***Der gute Mensch von Sezuan***, 1943, ***Leben des Galilei***, 1943) haben aus dem früheren Rebellen längst einen Klassiker der Moderne werden lassen.

- Anna Seghers (1900–1983): Die deutsch-jüdische Schriftstellerin, die schon in der Weimarer Republik einen Namen hatte und 1933 ins Exil ging, schrieb mit ***Das siebte Kreuz*** (1942) den vielleicht bekanntesten Roman der Exilliteratur.

*Thomas Mann*

## Brief an Adolf Grimme, preußischer Kulturminister der SPD (1933)

Ich spreche als Künstler, und auch diese Form der Vertiefung ins Menschliche, die man Kunst nennt, ist eine Sache des humanen Interesses, der leidenschaftlichen Anteilnahme am Menschen. Die Kunst war ja immer und wird jederzeit sein das vollendete „Dritte Reich", von dem große humane Geister geträumt haben und dessen Name heute so missbräuchlich geführt wird: die Einheit nämlich von Leiblichkeit und Geistigkeit, des Natürlichen und des Menschlichen. Was hat schöpferische Kunst je anderes getan, als die Natur mit Menschlichem zu durchdringen und aus ihr zu nehmen, was sie zu ihrer schöpferischen Steigerung des Lebens braucht? Kunst bestand immer in dieser Durchdringung und Vermenschlichung, das heißt Vergeistigung. [...]
Noch einmal, das Humane umschließt beide Welten, die innere und die äußere, und das Politisch-Soziale ist eines seiner Bereiche.

Thomas Mann, Brief an Adolf Grimme. Aus: ders.: Gesammelte Werke in dreizehn Bänden. Band XII. Reden und Aufsätze 4.  S. 678–680

*Alfred Döblin*

## Berlin Alexanderplatz (1929)

Dieses Buch berichtet von einem ehemaligen Zement- und Transportarbeiter Franz Biberkopf in Berlin. Er ist aus dem Gefängnis, wo er wegen älterer Vorfälle saß, entlassen und steht nun wieder in Berlin und will anständig sein.
Das gelingt ihm auch anfangs. Dann aber wird er, obwohl es ihm wirtschaftlich leidlich geht, in einen regelrechten Kampf verwickelt mit etwas, das von außen kommt, das unberechenbar ist und wie ein Schicksal aussieht.
Dreimal fährt dies gegen den Mann und stört ihn in seinem Lebensplan. [...]
Es stößt und schlägt ihn mit einer Gemeinheit. Er kann sich schon schwer erheben, er wird schon fast angezählt.
Zuletzt torpediert es ihn mit einer ungeheuerlichen äußersten Roheit.
Damit ist unser guter Mann, der sich bis zuletzt stramm gehalten hat, zur Strecke gebracht. Er gibt die Partie verloren, er weiß nicht weiter und scheint erledigt. [...]
Das furchtbare Ding, das sein Leben war, bekommt einen Sinn. Es ist eine Gewaltkur mit Franz Biberkopf vollzogen. Wir sehen am Schluss den Mann wieder am Alexanderplatz stehen, sehr verändert, ramponiert, aber doch zurechtgebogen.
Dies zu betrachten und zu hören, wird sich für viele lohnen, die wie Franz Biberkopf in einer Menschenhaut wohnen und denen es passiert wie diesem Franz Biberkopf, nämlich von dem Leben mehr zu verlangen als das Butterbrot.

Alfred Döblin: Berlin Alexanderplatz. Die Geschichte von Franz Biberkopf, 

# Nachkriegs- und Gegenwartsliteratur (seit 1945)

Mit der „Stunde Null" im Frühjahr 1945, als Mitteleuropa in Trümmern lag, begann für die Deutschen ebenso wie für ihre Literatur ein radikaler Neubeginn. Der totale Zusammenbruch des NS-Staats und das Ende des Zweiten Weltkriegs bedeuteten eine große Chance für einen solchen Neuanfang, der besonders von den Schriftstellern, die aus dem Exil zurückkehrten, vehement gefordert wurde.
Durch die doppelte Staatsgründung von BRD und DDR gab es ab 1949 im geteilten Deutschland zwei höchst gegensätzliche Gesellschaftssysteme, die auch sehr unterschiedliche literarische Entwicklungen hervorbrachten. Außerdem traten in der Schweiz und in Österreich bedeutende Schriftsteller und Dichter in deutscher Sprache mit eigener Stimme hervor. Von einem einheitlichen Stil kann man deshalb spätestens seit den 1970er-Jahren nicht mehr sprechen. Die Gegenwartsliteratur stellt sich als sehr vielgestaltig dar und nicht von einem einheitlichen Stilwillen geprägt. Auch inhaltlich werden wechselnde Anliegen verfolgt. Vielleicht wird man im Rückblick Gemeinsamkeiten erkennen, die uns die jetzige Nähe verbirgt.

**EPOCHENMERKMALE: Nachkriegsliteratur**
- Ziel: Verarbeitung der grauenhaften Geschehnisse der furchtbaren zwölf Jahre (Diktatur, Unterdrückung und Widerstand; Holocaust und Vernichtung; Krieg, Flucht und Vertreibung) in der „Trümmerliteratur"
- Aufgabe der Literatur: Deutlichmachen der Verbrechen in der Vergangenheit und Hilfe zur Daseinsbewältigung nach der „Stunde Null"
- ungeschminkte Darstellung ohne besondere ästhetische Gestaltung („Kahlschlagliteratur")
- knappe deutliche Sätze, die unmittelbar verständlich sind und innerlich berühren
- bevorzugte Gattungen: anfangs vor allem Kurzgeschichten und Hörspiele, dann zunehmend Gedichte, Romane und Theaterstücke

**Bedeutende Vertreter der Zeit nach 1945**
- Wolfgang Borchert (1921–1947): Wichtigster Vertreter der „Trümmerliteratur" und Sprachrohr der jungen Generation nach 1945.
- Heinrich Böll (1917–1985): Bedeutendster Repräsentant der Nachkriegsliteratur, die er mit Kurzgeschichten und Romanen (***Wanderer, kommst du nach Spa...***, 1950, ***Ansichten eines Clowns***, 1963) maßgeblich mitprägte; Böll verkörperte seit 1960 so etwas wie das literarisch-moralische Gewissen der Bundesrepublik Deutschland.
- Günter Grass (1927–2015): Schriftsteller und Erzähler, der die deutsche Geschichte und Politik der letzten 60 Jahre engagiert und kritisch kommentiert; sein Roman ***Die Blechtrommel*** (1959) hat Weltrang.
- Hans Magnus Enzensberger (*1929): Dichter und Schriftsteller, dessen umfangreiches Werk die letzten Jahrzehnte kritisch reflektiert und begleitet.

*Wolfgang Borchert*

## Das ist unser Manifest (1947)

Wir brauchen keine Dichter mit guter Grammatik. Zu guter Grammatik fehlt uns Geduld. Wir brauchen die mit dem heißen heiser geschluchzten Gefühl. Die zu Baum Baum und zu Weib Weib sagen und ja sagen und nein sagen: laut und deutlich und dreifach und ohne Konjunktiv.

Für Semikolons haben wir keine Zeit und Harmonien machen uns weich und die Stillleben überwältigen uns: Denn lila sind nachts unsere Himmel. Und das Lila gibt keine Zeit für Grammatik, das Lila ist schrill und ununterbrochen und toll. [...] die blaubeschneiten Augenhöhlen der Toten im Eissturm, die violettwütigen Schlünde der kalten Kanonen und die lilane Haut unserer Mädchen am Hals und etwas unter der Brust. Lila ist nachts das Gestöhn der Verhungernden und das Gestammel der Küssenden. Und die Stadt steht so lila am nächtlich lilanen Strom. [...]

Denn wir sind Neinsager. Aber wir sagen nicht nein aus Verzweiflung. Unser Nein ist Protest. Und wir haben keine Ruhe beim Küssen, wir Nihilisten. Denn wir müssen in das Nichts hinein wieder ein Ja bauen. Häuser müssen wir bauen in die freie Luft unseres Neins, über den Schlünden, den Trichtern und Erdlöchern und den offenen Mündern der Toten: Häuser bauen in die rein gefegte Luft der Nihilisten, Häuser aus Holz und Gehirn und aus Stein und Gedanken.

---

In: Wolfgang Borchert: Das Gesamtwerk, Hamburg 1949. S. 519 – 523 

*Hans Magnus Enzensberger*

## Ins Lesebuch für die Oberstufe (1957)

Lies keine Oden[1], mein Sohn, lies die Fahrpläne:
Sie sind genauer. Roll die Seekarten auf,
eh es zu spät ist. Sei wachsam, sing nicht.
Der Tag kommt, wo sie wieder Listen ans Tor
schlagen und malen den Neinsagern auf die Brust
Zinken[2]. Lern unerkannt gehen, lern mehr als ich:
das Viertel wechseln, den Paß, das Gesicht.
Versteh dich auf den kleinen Verrat,
die tägliche schmutzige Rettung. Nützlich
sind die Enzykliken[3] zum Feueranzünden,
die Manifeste[4]: Butter einzuwickeln und Salz
für die Wehrlosen. Wut und Geduld sind nötig,
in die Lungen der Macht zu blasen
den feinen tödlichen Staub, gemahlen
von denen, die viel gelernt haben,
die genau sind, von dir.

---

Hans Magnus Enzensberger: Verteidigung der Wölfe. Gedichte. Frankfurt a. M. 1957, S. 90 
Aus urheberrechtlichen Gründen ist dieser Text nicht in reformierter Rechtschreibung abgedruckt.

1 Ode: feierliches, pathetisches Gedicht
2 Zinken: Zeichen, Markierung
3 Enzyklika: Erlass/ Rundschreiben des Papstes
4 Manifest: Grundsatzerklärung einer Partei

# Zwischentest

**1** **Ordnen Sie folgende Dichter und Schriftsteller in die deutsche Literaturgeschichte ein:**

a) Wolfgang Borchert
b) Bettina von Arnim
c) Heinrich Heine
d) Friedrich Schiller
e) Theodor Fontane
f) Thomas Mann
g) Gotthold Ephraim Lessing
h) Georg Trakl

4 **2** **Nennen Sie epochentypische Merkmale des „Jungen Deutschland" und vergleichen Sie mit der „Neuen Sachlichkeit".**

8 ★ **3** **Ordnen Sie Brechts Gedicht in die deutsche Literaturgeschichte ein und zeigen Sie, dass es ein typischer Ausdruck dieser Epoche ist. Achten Sie dabei auf das Jahr, in dem das Gedicht entstanden ist.**

*Bertolt Brecht*

## An die Nachgeborenen (1939)

Wirklich, ich lebe in finsteren Zeiten

Das arglose Wort ist töricht. Eine glatte Stirn
Deutet auf Unempfindlichkeit hin. Der Lachende
Hat die furchtbare Nachricht
Nur noch nicht empfangen.

Was sind das für Zeiten, wo
Ein Gespräch über Bäume fast ein Verbrechen ist.
Weil es ein Schweigen über so viele Untaten einschließt!
Der dort ruhig über die Straße geht
4 Ist wohl nicht mehr erreichbar für seine Freunde
Die in Not sind. [...]

---

Bertolt Brecht: An die Nachgeborenen. In: Bertolt Brecht: Ausgewählte Werke in sechs Bänden. Band 3. Gedichte 1. Frankfurt a. M. 1997, S. 349 
Aus urheberrechtlichen Gründen ist dieser Text nicht in reformierter Rechtschreibung abgedruckt.

16 **Gesamtpunktzahl**

Kontrollieren Sie Ihre Ergebnisse mithilfe der Lösungen (S. 127) und addieren Sie die erreichten Punkte.
☐ 16 bis 13 Punkte: ☺ ☐ 12 bis 8 Punkte: 😐 ☐ 7 bis 0 Punkte: ☹

# Abschlusstest

## A Rechtschreibung und Zeichensetzung

**1 Setzen Sie die im folgenden Text insgesamt 11 Kommas an den richtigen Stellen ein:**

„Europa war die Tochter des phönikischen Königs Agenor eine Jungfrau von strahlender Schönheit. Einst sandte ihr Kythereia die Göttin der Liebe gegen Morgen zu der Zeit wo der süße Glieder lösende Schlaf nur leicht auf der Wimper ruht und unter den Schlummernden der Schwarm trugloser Träume umherschweift einen süßen seltsamen Traum. Während die Jungfrau da lag in Schlafes Arm wähnte sie die beiden Weltteile Asien und die gegenüberliegende Festung in Frauengestalt um sich kämpfen zu sehen."

Mit diesen Worten beginnt auf poetische Weise die antike Europa-Sage die den Beginn und den Ausgangspunkt der Kulturgeschichte unseres Kontinents bildet.



## B Sprache und Grammatik

**2 Formen Sie den nachfolgenden Text in die indirekte Rede um:**

„Der bündnisgrüne Bundestagskandidat Hermann Reyher warnt vor dem häufigen Gebrauch von Handys: „Mobilfunk ist eine Gefahr für die Bürger. Die Frage, ob die von Mobilfunk-Masten ausgehende Strahlung gefährlich ist, tritt eher in den Hintergrund, da das Telefonieren mit dem Handy weitaus gefährlicher sein kann: 10 Minuten mit dem Handy zu telefonieren bewirkt in etwa die Dosis von Strahlen, der man ausgesetzt ist, wenn man einen ganzen Tag in 50 Metern Entfernung von einer Mobilfunkanlage verbringt. Solange es keine gesicherten Erkenntnisse in Bezug auf die Gefährdung gibt, muss man sensibel sein und verantwortlich mit dieser Technologie umgehen. Denn diese Strahlung kann Konzentrationsstörungen oder Schlaflosigkeit verursachen und sogar Krebserkrankungen auslösen. Deshalb soll man Handys nicht in der Nähe lebenswichtiger Organe tragen."



## C Textbeschreibung und Textanalyse

**3 Fertigen Sie eine grobe Gliederung für eine Textbeschreibung der nachfolgenden Geschichte an. Überlegen Sie, welche Intention die Autorin mit der Kurzgeschichte verfolgt haben könnte.**

Kontrollieren Sie Ihre Ergebnisse mithilfe der Lösungen (S. 127) und addieren Sie die erreichten Punkte.

**Teilbereich A:** ☐ 11 bis 9 Punkte: ☺ ☐ 8 bis 6 Punkte: 😐 ☐ 5 bis 0 Punkte: ☹

**Teilbereich B:** ☐ 12 bis 10 Punkte: ☺ ☐ 9 bis 6 Punkte: 😐 ☐ 5 bis 0 Punkte: ☹

*Marie Luise Kaschnitz*

## Zu Hause

Die ersten, die zurückkamen, erregten durch ihre frischen Stimmen, ihr gutes Aussehen und ihr normales Verhalten Erstaunen. Sie schlugen uns auf die Schultern, fragten, nun wie gehts auf der alten Erde, und freuten sich offensichtlich uns wiederzusehen. Ihre Frage war rhetorisch, sie sind dort über alles, was uns betrifft, genau im Bilde, so wie auch wir über das Leben auf der Weltraumstation genau im Bilde sind. Wir kennen nicht nur ihre Arbeitsstätten und ihre etwas öden aber bequemen Wohnungen, sondern auch ihre künstlichen Gärten, Maiglöckchen aus Plastik mit Maiglöckchenparfum, Rasen aus Plastik mit Geruch von frischem Gras. Auch das runde mit Humus gefüllte und von vier Weltraumpolizisten Tag und Nacht bewachte Becken, das im Mittelpunkt ihrer öffentlichen Anlage steht, ist uns bekannt. Wir bedauern diese armen Menschen mit ihren Plastikblumen und ihrem Humusbecken und natürlich hatten wir uns schon lange überlegt, wie wir ihnen eine Freude machen könnten. Schließlich waren wir darauf verfallen, sie gleich nach ihrer Ankunft in einen Wald zu fahren. Der Wald war recht abgelegen, es gab in ihm noch einsame Tümpel, schroffe Felsen und dickes Moos. Wir erwarteten, dass die Heimkehrer darüber in Entzücken geraten, ja dass sie sich womöglich auf den Boden werfen und das Moos und die feuchten Herbstblätter aufwühlen würden. Sie taten aber nichts dergleichen, sondern standen höflich gelangweilt herum. Dann verlangten sie zurück in die Stadt. Sie wollten das Fernsehprogramm nicht versäumen, die Nachrichten von dort. (Von zu Hause, sagten sie)

10

---

Marie Luise Kaschnitz: Zu Hause. In: dies.: Steht noch dahin. Frankfurt a. M. 1970, Seite 55. 

10 **Gesamtpunktzahl Aufgaben 3**

# D Die Erörterung

5 **4 Ihnen ist die Aufgabe gestellt, eine Texterörterung zu schreiben. Nennen Sie die Arbeitsschritte, die Sie sinnvollerweise erledigen.**

11 **5 Beschreiben Sie den Text „Gibs auf!" von Franz Kafka (Seite 89).**

# E Interpretation / Produktives Schreiben

5 ★ **6 Erörtern Sie Konsequenzen, die sich aus dem Text „Luxus – woher, und wohin damit?" von Hans Magnus Enzensberger (S. 35) ergeben.**

16 **Gesamtpunktzahl Aufgaben 4 und 5**

Kontrollieren Sie Ihre Ergebnisse mithilfe der Lösungen (S. 128) und addieren Sie die erreichten Punkte.

**Teilbereich C:** ☐ 10 bis 8 Punkte: ☐ 7 bis 5 Punkte: ☐ 4 bis 0 Punkte:

**Teilbereich D:** ☐ 16 bis 13 Punkte: ☐ 12 bis 8 Punkte: ☐ 7 bis 0 Punkte:

# F Literaturgeschichte

**7 Ordnen Sie die folgenden Epochen der deutschen Literaturgeschichte zeitlich zu:**

| | |
|---|---|
| a) Sturm und Drang | (1) 1850–1900 |
| b) Exilliteratur | (2) 1795–1835 |
| c) Expressionismus | (3) 1905–1925 |
| d) Realismus | (4) 1933–1945 |
| e) Romantik | (5) 1765–1785 |

5

**8 Ordnen Sie den vorliegenden Dramenauszug literaturhistorisch ein. Begründen Sie kurz Ihre Entscheidung.**

Karl von Moor (legt das Buch weg): Mir ekelt vor diesem tintenklecksenden Säkulum, wenn ich in meinem Plutarch von großen Menschen lese. [...] Der lohe Lichtfunke Prometheus ist ausgebrannt, dafür nimmt man itzt die Flamme von Bärlappenmehl! – Theaterfeuer, das keine Pfeife Tabak anzündet. Da krabbeln sie nun, wie die Ratten auf der Keule des Herkules und studieren sich das Mark aus dem Schädel, was das für ein Ding sei, das er in seinen Hoden geführt hat? [...]

4

Friedrich Schiller: Die Räuber, 1. Akt, 2. Szene. Reclam, Stuttgart, S. 19
Plutarch (ca. 45 bis 125 n. Chr.) war ein griechischer Schriftsteller und Verfasser zahlreicher Biografien.

★ **9 Erläutern Sie, warum Heinrich Böll nichts gegen den Begriff „Trümmerliteratur" einzuwenden hat. Welcher Epoche ist sein Werk zuzurechnen? Nennen Sie weitere bedeutende Vertreter dieser Epoche.**

*Heinrich Böll*

## Bekenntnis zur Trümmerliteratur (1952)

Es ist unsere Aufgabe, daran zu erinnern, dass der Mensch nicht nur existiert, um verwaltet zu werden – und dass die Zerstörungen in unserer Welt nicht nur äußerer Art sind und nicht so geringfügiger Natur, dass man sich anmaßen kann, sie in wenigen Jahren zu heilen. Der Name Homer ist der gesamten abendländischen Bildungswelt unverdächtig: Homer ist der Stammvater europäischer Epik, aber Homer erzählt vom Trojanischen Krieg, von der Zerstörung Trojas und von der Heimkehr des Odysseus – Krieg-, Trümmer- und Heimkehrliteratur – wir haben keinen Grund, uns dieser Bezeichnung zu schämen.

7

Heinrich Böll: Werke. Essayistische Schriften und Reden 1. 1952–1963. Hrsg.: Bernd Balzer.


**Gesamtpunktzahl Aufgaben 7 bis 9** 16

Kontrollieren Sie Ihre Ergebnisse mithilfe der Lösungen (S. 128) und addieren Sie die erreichten Punkte.

| | | | |
|---|---|---|---|
| **Teilbereich E:** | ☐ 5 bis 4 Punkte: 🙂 | ☐ 3 bis 2 Punkte: 😐 | ☐ 2 bis 0 Punkte: 🙁 |
| **Teilbereich F:** | ☐ 16 bis 13 Punkte: 🙂 | ☐ 12 bis 8 Punkte: 😐 | ☐ 7 bis 0 Punkte: 🙁 |

# Anhang

## Vorschau

→ Referate
→ längere schriftliche Arbeiten
→ Protokolle

# Das Referat

Referate und Präsentationen gehören nicht nur zum Schulalltag, sie sind auch Bestandteile aller späteren Ausbildungsgänge und vieler Berufsbilder: Dabei geht es stets darum, ein vorgegebenes oder ein selbst gewähltes Thema zu bearbeiten und es mündlich in einem Vortrag zu präsentieren. Oft muss das Thema danach schriftlich als Fach- oder Hausarbeit vorgelegt werden.

Egal, ob es sich nun um ein mündliches oder ein schriftliches Referat handelt – stets können Sie mit der gleichen Methode vorgehen. Zunächst ist es wichtig, dass Sie das Thema eindeutig formulieren und es möglichst stark eingrenzen. Denn viel zu oft sind die Themen zu allgemein gefasst. Statt dessen ist es meist besser, einen Einzelaspekt herauszugreifen und dann genauer zu untersuchen.

Anstatt beispielsweise ein allgemeines Referat über Bertolt Brecht zu halten, könnte es sinnvoller sein, das Thema auf z. B. „Bert Brechts Kapitalismuskritik" zu begrenzen und Grundzüge seines gesellschaftspolitischen Denkens an Hand eines für ihn typischen Texts wie z. B. dem über „Wenn die Haifische Menschen wären ..." (S. 7) zu veranschaulichen.

Nach der Festlegung des Themas ist es sinnvoll, die zentrale Fragestellung explizit zu formulieren, die sich wie ein roter Faden durch den ganzen Vortrag ziehen sollte. Anschließend gehen Sie am besten ähnlich wie bei einer Texterörterung vor:

1. Zunächst sammeln Sie Daten und Fakten, notieren sich Ihre eigenen Einfälle, stellen Material zusammen und untersuchen Ihre Fragestellung systematisch.
2 Danach gliedern Sie alles, was Sie gesammelt haben, sorgfältig und systematisch.
3. Nun überlegen Sie sich eine passende Einleitung, die Ihre Zuhörer fesseln könnte.
4. Anschließend beginnen Sie mit der Ausarbeitung.
5. Legen Sie gerade beim Referat Wert auf die abschließene Zusammenfassung.

**TIPP**

Nutzen Sie die Chance, ***freiwillig*** ein Referat zu halten, indem Sie sich rechtzeitig überlegen, welches Thema aus dem Deutschunterricht Sie interessiert und schlagen Sie dies Ihrem Lehrer vor. Gerade auch bei Referaten gilt, dass nur die Übung den Meister macht.

**TIPP**

**10 Tipps für das Halten von Referaten:**

- Erstellen Sie sich ein groß geschriebenes Redemanuskript, das Sie auch aus einer etwas größeren Entfernung gut lesen können.
- Im Redemanuskript stehen nur wichtige Stichworte und Gliederungspunkte.
- Nennen Sie möglichst gleich am Anfang, worum es geht und wie Ihre zentrale Fragestellung lautet.
- Denken Sie daran, am Schluss noch einmal auf die Ausgangsfragestellung zurückzukommen – und sie möglichst differenziert zu beantworten.
- Möglichst nicht ablesen, sondern frei sprechen und Blickkontakt halten.
- Die Zuhörer direkt ansprechen: „Wusstet ihr schon, dass ...?"
- Fachbegriffe und unbekannte Fremdwörter erklären.
- Besonders Interessantes und gut Formuliertes zitieren, aber nur kurze Passagen.
- Keine langen Schachtelsätze, sondern vor allem Hauptsätze.
- Nicht zu viele Fakten, auch Gefühl und Willen ansprechen.
  Deshalb Anekdoten, Beispiele und Amüsantes nicht vergessen!

# Längere schriftliche Arbeiten

Immer häufiger werden in der Oberstufe von den Schülerinnen und Schülern umfangreichere „Hausarbeiten" verlangt, die den Rahmen gewöhnlicher Hausaufgaben sowohl quantitativ als auch qualitativ bei weitem übersteigen. Dafür hat man in der Regel sehr viel mehr Zeit für eine derartige Hausarbeit, die mitunter als „Facharbeit" bezeichnet wird. Außerdem dürfen Sie sich zumeist das Thema in Absprache mit Ihrem Lehrer selbst aussuchen.

Da es bei Hausarbeiten in jedem Fall – auch, wenn sie mit einem mündlichen Vortrag verbunden sind – auf die schriftliche Ausarbeitung ankommt, müssen Sie Wert auf die äußere Form und den Aufbau Ihrer Arbeit legen. Vielfach wird schon erwartet, dass eine Hausarbeit getippt vorgelegt wird, sodass Sie also darauf angewiesen sind, einen PC zu benutzen. Auch wenn dies im ersten Moment unangenehm sein mag, weil Sie vielleicht wenig geübt im Umgang mit Textprogrammen sind, ist es andererseits doch auch eine Chance für Sie, einmal eine der nützlichen Anwendungsmöglichkeiten eines Computers kennenzulernen und zu erproben.

Eine Schwierigkeit beim Schreiben von Hausarbeiten besteht für viele darin, dass Sie Zitate mit den entsprechenden Quellenangaben versehen müssen. Außerdem sollte am Ende der Arbeit ein Literaturverzeichnis stehen, in dem die von Ihnen benutzten Bücher, Zeitungsaufsätze und Internetartikel nachgewiesen werden.

Falls diese Ansprüche an eine Arbeit von Ihnen gestellt werden, sollte Ihr Lehrer Ihnen und Ihren Mitschülern vorher genau angeben, welche formalen Regeln Sie einhalten sollen. Das ist wichtig, weil es höchst unterschiedliche Zitierweisen und Arten von Literaturver-

zeichnissen gibt. Dasselbe gilt für das Aussehen der ganzen Arbeit. Auch hier sollten Sie vor Beginn genau wissen, welche Ansprüche an Ihre Arbeit gestellt werden (Rand, Schriftart und Schriftgröße; Deckblatt; Inhaltsverzeichnis; Seitenzählung usw.).
Hoffentlich waren diese Hinweise für Sie jetzt nicht abschreckend. Denken Sie bitte daran, dass alle diese technischen Aspekte, wenn man nur daran denkt, letztlich leicht zu bewältigen sind. Zudem sind solche längeren schriftlichen Arbeiten (und ihre Formalia) eine erste Einübung in den Arbeitsalltag eines möglichen Studiums.
Was die inhaltliche und thematische Seite einer Hausarbeit anbetrifft, gilt das oben zur Erstellung eines Referats Gesagte in gesteigerter Weise: Gehen Sie mit System und Verstand vor und erledigen Sie unbedingt eine Reihe von Vorarbeiten, ehe Sie mit der Ausarbeitung des Manuskripts beginnen.

**TIPP**

Es haben sich die folgenden Arbeitsschritte bewährt:

1. Legen Sie das Thema so fest, dass es nicht zu weit gefasst ist, sondern eine eng umgrenzte Fragestellung beinhaltet.
2. Präzisieren Sie diese Fragestellung und formulieren Sie sie erst für sich als Arbeitshypothese und dann auch in der Einleitung zu Ihrer Arbeit.
3. Sammeln Sie verschiedenstes Material, das direkt oder indirekt mit Ihrer zentralen Fragestellung zu tun hat. Recherchieren Sie dafür in Bibliotheken und im Internet, fragen Sie interessierte Bekannte und natürlich auch Ihren Lehrer gezielt nach hilfreichen Literaturhinweisen.
4. Setzen Sie sich einen Zeitpunkt, an dem Sie die Materialsuche beendet haben wollen oder beendet haben müssen. Beginnen Sie danach zügig mit der Auswertung Ihres Materials, das Sie selbstverständlich vorher noch sortieren und ordnen sollten.
5. Anschließend ist es ratsam, relativ viel Zeit auf die Gliederung der Arbeit zu verwenden. Dabei sollten Sie Ihre zentrale Fragestellung und das eigentliche Thema nie aus dem Auge verlieren!
6. Nach Fertigstellung der Gliederung sollten Sie nach einer passenden, möglichst originellen Einleitung suchen und diese zunächst vorschreiben.
7. Mit dem Abschreiben der Einleitung beginnt dann schon die Ausarbeitung und Ausformulierung der in der Gliederung zusammengefassten Gedanken.
8. Bevor Sie Ihre Arbeit abschließen, sollten Sie noch einen guten Schluss finden, in dem Sie die Ausgangsfragestellung nochmals aufgreifen und differenziert beantworten.

Übrigens: Wenn Sie nicht so gerne mündlich „auftreten" und sich davor scheuen, ein Referat zu halten, sollten Sie umso mehr überlegen, einmal eine Hausarbeit, vielleicht sogar freiwillig, anzufertigen und Ihr Interesse für ein ja dann von Ihnen bestimmtes Thema unter Beweis zu stellen."

# Das Protokoll

Überall in der Arbeitswelt werden Vorgänge und Ergebnisse schriftlich niedergelegt und protokolliert. Dies gilt inzwischen selbst schon für die meisten Handwerker, die nach getaner Arbeit Ihre Dienstleistungen notieren und sich von ihrem Auftraggeber bestätigen lassen. In vielen Branchen wie z. B. bei Versicherungen und Banken ist es üblich geworden, sogenannte Beratungsprotokolle anzufertigen, um die Einhaltung bestimmter Informationspflichten später dokumentieren zu können.
Zur Übung und aus praktischen Gründen müssen deshalb schon in der Schule vermehrt Stundenprotokolle geschrieben werden, in denen das Wichtigste der betreffenden Unterrichtseinheit schriftlich festgehalten wird.
Dabei unterscheidet man zwei verschiedene Protokollformen: Zum einen das Verlaufsprotokoll, in dem der gesamte Ablauf eines Vorgangs zusammengefasst wird, zum anderen das Ergebnisprotokoll, bei dem, wie der Name schon sagt, nur die wesentlichen Ergebnisse und Beschlüsse z. B. einer Sitzung oder eines Gesprächs notiert werden.
In der Regel wird das Ergebnisprotokoll bevorzugt, weil es schneller erstellt werden kann und weil es auf das Wesentliche komprimiert ist. Bei prozessorientierten Vorgängen wie in einer Psychotherapie oder bei der Wiedergabe von wichtigen Geschehnissen hat aber auch das Verlaufsprotokoll seine Berechtigung.
Bei Unterrichtsprotokollen kommt es ganz darauf an, welche Form des Protokollierens jeweils angemessener ist. Wenn es um ein Unterrichtsgespräch geht, lohnt es sich oft, ein Verlaufsprotokoll anzufertigen, wohingegen in der Verfügungsstunde beispielsweise bei der Planung einer Klassenfahrt in der Regel ein Ergebnisprotokoll ausreichen sollte.

**REGEL:** Nachfolgend nun wichtige Punkte für das Protokollieren:

- Oben steht der Protokollkopf mit Angaben zum Ort sowie zum Beginn und Ende der Veranstaltung mit dem Tagesdatum, den Namen der Teilnehmer (sowie den Namen der nicht Anwesenden) und den Namen des Vorsitzenden und des Protokollführers.
- Sachbetonter um Objektivität und Unparteilichkeit bemühter Nominalstil
- Verknappte, auf das Wesentliche konzentrierte Schreibweise
- Aus Gründen der Übersichtlichkeit empfiehlt es sich, wichtige Punkte gut gegliedert untereinander zu schreiben.
- Dabei ist es sinnvoll, Gliederungszeichen (wie z. B. Spiegelstriche oder Pfeile, fette Punkte oder Quadrate) zu benutzen.
- Falls es eine Tagesordnung gibt (mit verschiedenen TOP / Tagesordnungspunkten), sollte diese in numerischer Folge auch im Protokoll wiedergegeben werden.
- Am Schluss steht stets das Ergebnis, wenn möglich sogar in Form eines Beschlusses – oder, falls es kein greifbares Ergebnis gab, die geplante weitere Vorgehensweise.

# Prüfungsvorbereitung

Die Klausuren in Deutsch haben eine besondere Bedeutung, da das Fach Deutsch als Kernkompetenzfach für den Notendurchschnitt sehr stark gewichtet wird. Außerdem hat diese Note bei Bewerbungen ein hohes Gewicht. Auch sonst gilt gerade das Fach Deutsch als ein Gradmesser für das Maß an Allgemeinbildung, das Sie sich erwerben.
So lohnt es sich für Sie und Ihre Mitschüler mehrfach, wenn Sie sich gerade in Deutsch anstrengen. Dies gilt, weil die Arbeitstechniken, die Sie in Deutsch lernen, in fast allen anderen Fächern relevant sind: Inhaltsangaben, die Bearbeitung von Texten, Erörterungen und Stellungnahmen werden von Ihnen gleichermaßen z. B. in Geschichte, Politik, Geografie, Erziehungswissenschaft usw. verlangt. Hier wie dort müssen Sie Referate halten und Hausarbeiten anfertigen. Alles dies wird Ihnen besser gelingen, wenn Sie diese grundlegenden Arbeitstechniken gut beherrschen. Und wo lernen Sie den Umgang damit besser als im Rahmen des Deutschunterrichts?
Zur langfristigen Vorbereitung auf die Abiturprüfung lohnt es sich, wenn Sie sich frühzeitig über die Prüfungsbestimmungen und die Bewertungsmaßstäbe dieser Abschlussprüfung im Klaren werden. Denn nur wenn Sie über die Spielregeln genau Bescheid wissen, können Sie sich präzise vorbereiten und das eigene Leistungspotenzial gezielt verbessern.
Von besonderem Interesse ist es, schon lange vor der Prüfung zu wissen, welche Aufgabentypen in der jeweiligen Prüfung vorkommen. Beim Abitur werden in der Regel bis zu fünf verschiedene Aufgabenformen vorgelegt, von denen eine ausgewählt und bearbeitet werden muss.
Studieren Sie nun sorgfältig die folgende Übersicht der möglichen Aufgabentypen und überlegen Sie, welche Sie schon geübt haben und welche Ihnen besonders liegen.

## Aufgabenformen im Fach Deutsch in der Oberstufe

**REGEL:**

1. Die **Textbeschreibung**, die sich meist auf eine kurze Geschichte bezieht, die vorher nicht bekannt war. Dabei ist der Inhalt zunächst in Form einer Inhaltsangabe zusammenzufassen. Danach müssen der Aufbau des Textes sowie seine Form und seine sprachliche Gestaltung untersucht werden.
   Außerdem sollte die Textintention herausgearbeitet werden.
2. Die **Bearbeitung eines Gedichts**, das nicht bekannt war: Wie bei der Textbeschreibung muss der Inhalt wiedergegeben und untersucht werden. Allerdings sind bei einem lyrischen Text die Form- und die Sprachanalyse für die Interpretation besonders wichtig.
3. Die **Textanalyse**, bei der literarisch anspruchsvolle Textauszüge z. B. aus einem bürgerlichen Trauerspiel oder aus einem Roman analysiert werden müssen. Hier geht es darum, spezifische Textmerkmale herauszuarbeiten und hinsichtlich ihrer Funktion und Wirkung zu hinterfragen.

4. Argumentieren und Erörtern („Pro und kontra") im Anschluss an einen vorgegebenen Text: Bei dieser sogenannten **„Texterörterung"** geht es darum, zunächst den Sachverhalt zusammenzufassen. Danach soll das Thema kontrovers erörtert werden, wobei der Text im ganzen Aufsatz als Ausgangspunkt und Orientierung dienen soll. Den Schluss bildet die eigene begründete Stellungnahme.
5. Die **freie Erörterung** einer allgemeinen Fragestellung, die sich an eine geistreiche Sentenz, also an einen Ausspruch einer bekannten Persönlichkeit anschließt. Bei dieser anspruchsvollen Aufgabenstellung geht es darum, eigene Gedanken zu einem vorher nicht bekannten Thema zu entwickeln und dabei Pro und Kontra zu erörtern.
6. **Produktive Schreibaufgaben**, bei denen im Anschluss an eine vorher im Unterricht behandelte Lektüre aus der Perspektive einer der beteiligten Personen ein eigener Text produziert werden muss. Hierbei handelt es sich um eine Aufgabenform, die Kreativität und Fantasie erfordert und große Gestaltungsmöglichkeiten bietet. Allerdings wird in der Aufgabenstellung die Textsorte festgelegt: Dies kann ein Tagebucheintrag, ein innerer Monolog, ein Brief oder ein Artikel für eine Zeitung, eine Rede oder mitunter sogar die Darstellung einer Szene sein.

In der Oberstufe werden Sie also in Deutsch mit sehr unterschiedlichen Aufgabenarten konfrontiert. Dabei müssen Sie mit der Zeit selbst herausfinden, welche Aufgabenformen Ihnen besonders liegen – und welche nicht. Allerdings sollten Sie sich ebenso an Aufgabenstellungen heranwagen, die Ihnen zunächst vielleicht etwas fremd sind. Probieren Sie einmal eine Gedichtinterpretation und schauen Sie, ob Ihnen das produktive Schreiben möglicherweise sogar Spaß macht. Letzteres ist insbesondere der Fall, wenn Sie eher kreativ veranlagt sind – und eventuell mit Analyse und Erörterung Ihre Probleme haben.
Sie sollten sich im Laufe der nächsten Zeit allmählich darüber klar werden, wo Ihre besonderen Stärken und Schwächen liegen.

Prüfen Sie zudem, welche speziellen Bestimmungen in Ihrem Bundesland gelten. Aufgrund der Bildungshoheit der Länder differieren die Lehrpläne und Prüfungsordnungen nach wie vor voneinander. Dies gilt für das Fach Deutsch sogar in starkem Maße, sodass die Schwerpunke etwa in Bayern ganz anders sind als in Nordrhein-Westfalen, Niedersachsen oder Brandenburg.
Deshalb ist es sinnvoll, sich frühzeitig darüber zu informieren, welche Anforderungen in Ihrem Bundesland und an Ihrer Schule gestellt werden. Fragen Sie daher Ihren Deutschlehrer bzw. Ihre Deutschlehrerin, was genau von Ihnen erwartet wird, welche Aufgabenarten besonders intensiv geübt werden sollten und nach welchen Gesichtspunkten die Deutschklausuren bewertet werden.

**TIPP**

Die weit verbreitete „Krankheit" der „Aufschieberitis" ist gerade bei der Prüfungsvorbereitung oft fatal und führt schnell zu unnötiger Panik und Hysterie. Begegnen Sie dem einfach dadurch, dass Sie frühzeitiger mit der Vorbereitung beginnen und dass Sie zeitliche Puffer einbauen.

# Nach welchen Gesichtspunkten wird eine Deutscharbeit gewöhnlich bewertet?

Auch wenn die Bewertungsmaßstäbe im Fach Deutsch nicht so eindeutig sind wie zum Beispiel in Mathematik oder in Englisch, sind die Kriterien doch ziemlich vereinheitlicht. Der einzelne Lehrer hat allerdings im Deutschen einen gewissen Ermessensspielraum, und es ist nicht immer leicht, die Endnote voll und ganz nachzuvollziehen. Um dies zu erleichtern, sollten Sie einmal Ihre eigenen Arbeiten nach folgenden Fragen selbstkritisch analysieren:

- Wie ist der äußere Eindruck, wie ist das Schriftbild Ihrer Arbeiten?
- Wie ist die Lesbarkeit Ihrer Arbeiten? Kann man alles problemlos lesen oder braucht man an einigen Stellen eine Lupe oder einen Handschriftendeuter?
- Wie hoch ist die Zahl der Rechtschreibfehler? Ist sie vielleicht zu hoch? Sind es mehr als vier bis fünf Orthographiefehler pro Seite?
- Wie viele Zeichensetzungsfehler machen Sie auf einer Seite?
- Schreiben Sie durchgängig grammatikalisch korrekt?
- Wie ist Ihre sprachliche Kompetenz? Wie gut ist Ihre Ausdrucksfähigkeit? Drücken Sie sich präzise und differenziert aus?
- Machen Sie Satzbaufehler?
- Wie gut und strukturiert ist der Aufbau Ihrer Arbeiten?
- Haben Sie das Thema insgesamt angemessen bearbeitet?
- Sind Sie wirklich auf alle Teilaufgabenstellungen eingegangen?
- Wie gut ist Ihre Einleitung? Führt sie direkt ins Thema hinein? Enthält sie die wichtigen Angaben, die in den Basissatz gehören? Ist Ihre Einleitung vielleicht sogar originell/geistreich?
- Wie gelingt Ihnen die Gestaltung von Übergängen?
- Enthält Ihre Inhaltsgabe alle wichtigen Gedanken des Textes knapp, präzise und in eigenen Worten? Oder übernehmen Sie vielleicht vieles wörtlich?
- Sind Ihre Argumente schlüssig/originell/nachvollziehbar?
- Ist Ihre Gedankenentwicklung in sich stimmig?
- Haben Sie auch Gegenargumente berücksichtigt?
- Ist Ihre Analyse fundiert und differenziert?
- Haben Sie Ihre Aussagen gut begründet und gegebenenfalls am Text belegt und richtig zitiert?
- Gelingt es Ihnen, am Schluss Ihre Aussagen differenziert zusammenzufassen? Beziehen Sie vielleicht sogar den Schluss auf die Einleitung?

In der Regel wird die Bewertung auf die folgenden drei Schlüsselbereiche konzentriert:

1. die formale Korrektheit der Arbeit (Rechtschreibung, Zeichensetzung und Grammatik);
2. die sprachliche Kompetenz (Ausdruck, Stil und Satzbau);
3. Inhalt und thematische Angemessenheit der Arbeit.

## Der Faktor Zeit

Der Erfolg einer Klausur hängt nicht zuletzt davon ab, wie gut das eigene Zeitmanagement ist. Vermutlich haben Sie selbst schon die unangenehme Erfahrung gemacht, wie es ist, wenn man nicht rechtzeitig fertig wird und die Klausur nicht zu Ende bringen kann. Auf der anderen Seite ist es auch nicht viel besser, wenn Sie zu früh abgeben und die zur Verfügung stehende Zeit nicht voll ausnutzen.
Deshalb ist es wichtig, dass Sie sich die Zeit gut einteilen, damit Sie die Klausur auch wirklich meistern. Nachfolgend finden Sie eine Zeiteinteilung, die sich in der Praxis immer wieder bewährt hat.

TIPP

**Hinweise für die Einteilung der Zeit und der eigenen Kräfte bei einer Deutschklausur:**

- Bis zu einem Drittel der Gesamtzeit sollten Sie zur Vorbereitung der Klausur verwenden, also für die ersten Arbeitsschritte von der Erschließung des Themas bis zum Vorschreiben der Einleitung.
- Sobald Sie die Klausur gründlich vorbereitet haben, beginnen Sie mit dem Schreiben. Hierfür sollten Sie etwas mehr als die Hälfte der Gesamtzeit einplanen.
- Die verbleibende Zeit reservieren Sie für die Korrekturdurchgänge, für Pausen und als Zeitpuffer.
- Machen Sie ruhig auch einmal Pause! 5 – 10 Minuten sind bei mehrstündigen Prüfungen sinnvoll, am besten nach etwa 100 Minuten.
- Vergessen Sie nicht, zwischendurch einmal etwas zu essen und vor allem zu trinken. Besonders sinnvoll sind vitaminhaltige Lebensmittel (Obst und Gemüse, z. B. ein Apfel oder eine Möhre) und süße Sachen (Banane, Schokolade, Müsliriegel, Traubenzucker), die sofort ins Blut gehen – und noch dazu gut schmecken.
- Bewegung tut auch während einer langen Klausur gut! Gehen Sie deshalb ruhig einmal mehr zur Toilette – und wenn Sie gerade einen Durchhänger haben, dann rennen Sie, was das Zeug hält, das kann „auf die Sprünge" helfen.

# Glossar

Das nachfolgende Glossar umfasst mehr als 120 Begriffe, die für das Fach Deutsch wichtig sind. Hierzu zählen insbesondere Termini aus der Grammatik, der Stilkunde, der Verslehre und der Rhetorik. Außerdem enthält diese Liste Schlüsselbegriffe zu den Aufsatzformen, wie sie in den Prüfungen vorkommen.

**TIPP**

Es ist sehr empfehlenswert, wenn Sie einmal prüfen, welche der hier verzeichneten Fachausdrücke Sie schon kennen und welche für Sie noch ganz fremd sind.
Am besten wäre es, wenn Sie danach prüfen, welche dieser Begriffe Sie eigentlich kennen sollten. Hierfür ist es sinnvoll, diese Termini auf kleine Karteikärtchen im Format DIN A7 zu schreiben, wobei Sie beide Seiten benutzen sollten (z. B. auf die Vorderseite den Begriff und auf die Rückseite die Erklärung, die deutsche Bedeutung oder ein Beispiel). Mithilfe dieser Karteikärtchen können Sie dann in kleinen Pausen, etwa an der Bushaltestelle oder im Zug, schnell noch einmal alles wiederholen und so das Gelernte festigen.

Zur leichteren Orientierung sind im Folgenden die rhetorischen Figuren **grau** hervorgehoben, Begriffe der Verslehre **grün**. Beispiele sind jeweils ***kursiv*** gesetzt.

**Adjektiv:** Eigenschaftswort/„Wiewort“
***klug, cool, erhaben, interessant***

**Adverb (Pl.: Adverbien):** Umstandswort. Das ~ bestimmt ein → Verb, ein → Adjektiv oder einen ganzen Satz genauer:
*Er redet **klug**, sie hört **gerne** zu.*
*Das Wiesel ist **sehr** schnell.*
***Bald** reicht es mir.*

**Akkumulation:** Worthäufung, Aneinanderreihung von Begriffen derselben Kategorie
***„Nenn's Glück! Herz! Liebe! Gott!“***
***Sonne, Mond und Sterne***

**Akkusativ:** 4. Fall/„Wen-Fall“, steht auf die Frage: Wen oder was?
***(Ich sehe) den Mann, die Frau, das Kind***

**Aktiv** (Gegenbegriff zum → Passiv): Tätigkeitsform des Verbs
***Er kam zu ihr. Sie sah ihn und ging.***
***Ernst leidet still vor sich hin.***

**Allegorie:** Konkrete Darstellung eines abstrakten Begriffs, z. B. durch eine → Personifikation oder ein Sinnbild
***Gott Amor (für die Liebe)***
***Ein Gerippe mit Sense (für den Tod)***

**Alliteration:** Übereinstimmung von zwei oder mehr Wörtern im Anfangslaut
***Es wallen und wogen die Wipfel des Waldes.***
***Milch macht müde Männer munter.***

**Analyse:** im Fach Deutsch die systematische Untersuchung eines Textes, der zunächst in seine Bestandteile zerlegt wird, die dann neu geordnet, erläutert und interpretiert werden müssen.

**Anapäst:** (Gegensatz → Daktylus): Antikes Versmaß, bestehend aus zwei unbetonten kurzen Silben und einer darauf folgenden betonten langen Silbe.
*„Übers **Jahr**, übers **Jahr**, wenn der **Früh**ling dann kommt“*

**Anapher:** Wiederholung eines oder mehrerer Wörter an Satz- oder Versanfängen
***Wir fordern erstens, ... wir fordern zweitens, ... wir fordern drittens ...***
***Lies keine Oden, mein Sohn, lies die Kursbücher, sie sind genauer.***

**Anekdote:** Knappe, treffende Schilderung einer charakteristischen Begebenheit, die für eine Person typisch und sprechend ist.

**Antithese:** Gegenthese zu einer Ausgangsthese, die durch die ~ infrage gestellt wird. Durch die Gegenüberstellung von → These und ~ (s. auch → „dialektische Erörterung") werden der Gegensatz und/oder die Widersprüchlichkeit einer Sache besonders deutlich.
**Apposition:** Eingeschobene oder nachgestellte Hinzufügung, die das Beziehungswort genauer beschreibt:
*Adenauer, **der Bundeskanzler**, sagte*
*Herr Habicht, **mein Deutschlehrer**, ...*
**Argument:** Aussage, Beweismittel, das zur Begründung oder Widerlegung einer → These angeführt wird.
**Artikel:** Geschlechtswort, auch: Begleiter (eines → Nomens)
bestimmter ~: ***der, die, das***
unbestimmter ~: ***ein, eine***
**Attribut:** Beifügung zur näheren Bestimmung eines Satzgliedes
*das Lachen **des Kindes** (= Genitiv-~)*
*die **schlafenden** Hunde*
**auktorialer Erzählstil** (Gegensatz: personale Erzählsituation): → Erzählperspektive, bei der der Autor allwissend ist, sodass er Vorgänge auch aus der Innenperspektive der handelnden Personen schildern kann und dabei das gesamte vergangene und zukünftige Geschehen überblickt.

**Bindewort:** → Konjunktion
**Binnenreim:** Reim innerhalb einer Verszeile
*Ritzeratze! **voller Tücke, in die Brücke eine Lücke.** (Aus: „Max und Moritz" von Wilhelm Busch)*

**Daktylus:** (Gegensatz → Anapäst): Antikes Versmaß, bestehend aus einer schweren (langen/betonten) und zwei leichten (kurzen/unbetonten) Silben.
*„**Wollt** ihr die **Frei**heit, so **seid** keine **Knech**te." (Erich Mühsam)*
**Dativ:** 3. Fall/„Wem-Fall", steht auf die Frage: Wem?
*(Ich gebe) **dem Mann, der Frau, dem Kind***
**Deklination:** Beugung des → Nomens, das dadurch in die vier Fälle gesetzt wird. Auch das → Adjektiv, das → Pronomen und das Zahlwort können dekliniert werden.
***der Mann, des Mannes, dem Mann, den Mann***
**Demonstrativpronomen:** hinweisendes → Pronomen
***dieser** Mensch, **jene** Frau*
**dialektische Erörterung:** Besonders wichtige Aufgabenform des Deutschunterrichts, in der ein Thema kontrovers diskutiert werden soll. Dafür werden → Thesen und → Antithesen miteinander konfrontiert und Pro- und Kontra-Argumente angeführt.
**Dialog** (Gegensatz → Monolog): mündlich oder schriftlich abwechselnd geführte Rede und Gegenrede von zwei oder mehreren Personen
**direkte Rede** (Gegensatz → indirekte Rede): Unveränderte Wiedergabe der gesprochenen Aussage. Die ~ ist durch Anführungszeichen gekennzeichnet.
*Sie sagt: **„Ich will es so!"***
**Dramatik:** Handlungsgeschehen, das auf der Bühne aufgeführt wird; die ~ ist neben der → Epik und der → Lyrik eine der drei großen Gattungen der Dichtung.

**Eigenschaftswort:** → Adjektiv
**Ellipse:** Unvollständiger Satz, bei dem ein Wort oder ein Satzteil ausgelassen sind.
***Noch jemand ohne Fahrschein?***
***Still gestanden!***
**Enjambement:** Zeilensprung, der das Übergreifen eines Satzes auf die nächste Zeile im Gedicht bezeichnet.
*Für mehr*
*Als mich*
**Epik:** Erzählende Literatur, zu der u. a. die Kurzgeschichte, Märchen und Sagen, Romane und Epen gehören. Die ~ ist neben der → Dramatik und der → Lyrik eine der drei grundlegenden Gattungen der Literatur.
**Erörterung:** Eingehende Besprechung einer Problemfrage, bei der ein eigener Standpunkt bezogen und mit → Argumenten dargelegt werden soll.
→ dialektische Erörterung
→ steigende Erörterung
**Erzählperspektive:** Erzählhaltung, Erzählsituation: Was weiß der Erzähler? Kennt er das Innenleben der Personen? Steht er innerhalb oder außerhalb der erzählten Situation?
→ auktorialer Erzählstil
→ personale Erzählsituation
**Euphemismus:** Beschönigung, Verharmlosung, Verbrämung von etwas Schrecklichem oder Unangenehmem
***vollschlank (statt: dick)***
***einschläfern (statt: töten)***

**Fazit:** Resümee am Schluss einer Rede oder → Erörterung mit einer bewertenden Zusammenfassung der vorangegangenen Argumentation und Schlussfolgerungen, die sich daraus ergeben.

**Femininum:** weiblich; neben → Maskulinum und → Neutrum eines der drei Geschlechter

*die Frau, sie, die Blüte*

**freie Erörterung:** Im Gegensatz zur → Texterörterung muss hier ein Thema frei und ohne Zuhilfenahme eines Textes diskutiert werden.

**Futur (auch: Futur I):** Zukunft; wichtige Zeitform des → Verbs

*Ich **werde kommen.***

*Auch Erna **wird** bald **gelobt werden.***

**Futur des Perfekts (auch Futur II):** Selten gebrauchte Zeitform des Verbs, die eine in der Zukunft abgeschlossene Handlung ausdrückt.

*In fünf Jahren werde ich es geschafft haben.*

**Gegenwart:** → Präsens

**Genitiv:** 2. Fall/„Wes-Fall", steht auf die Frage: wessen?

*(die Jacke) des Mannes, der Frau, des Kindes*

**Gliedsatz:** Untergruppe der → Nebensätze, zu der die → Relativsätze nicht gezählt werden.

**Hauptsatz:** Selbstständige Sätze, die im Gegensatz zum → Nebensatz auch für sich alleine stehen können. Der ~ enthält immer zumindest ein → Subjekt und ein → Prädikat. (Siehe aber → Ellipse)

*Hans isst.*

*Ich freue mich, weil sie kommt.*

**Hauptwort:** → Nomen

**Hilfsverb:** → Modalverb

**Hörverstehen:** Besondere Aufgabenform, bei der durch unterschiedliche Fragen geprüft wird, ob man einen vorgegebenen Text wirklich verstanden hat.

**Hyperbel:** starke Übertreibung

*Ein Meer von Tränen*

*Schneckentempo*

*todmüde*

**Hypotaxe** (Gegensatz zu → Parataxe): Geschachteltes Satzgefüge mit → Nebensätzen; hypotaktische Satzkonstruktionen sind ein Kennzeichen des gehobenen Sprachstils.

**Imperativ:** Befehlsform

*Komm her! Streng dich richtig an!*

**Imperfekt:** → Präteritum

**Indikativ** (Gegensatz → Konjunktiv): Wirklichkeitsform des → Verbs

*Dietlinde weinte bitterlich.*

*Ottos Mops hopst.*

**indirekte Rede:** Nichtwörtliche Rede, bei der im Gegensatz zur → direkten Rede keine Anführungszeichen stehen. Dafür erfordert die ~ den → Konjunktiv.

*Sie sagt, sie wolle es so.*

**Infinitiv:** Grundform des → Verbs, die im Deutschen meistens auf ***-en*** endet.

*schreiben; gehen; transportieren*

**Inhaltsangabe:** Sachlich-neutrale Zusammenfassung des wesentlichen Inhalts eines Textes ohne eigene Bewertung oder → Interpretation. Die ~ wird durchgängig im → Präsens geschrieben. Nur die → indirekte Rede ist erlaubt.

**Intention:** Die offensichtliche oder vermutete Absicht des Verfassers, die er mit seinem Werk verfolgt hat. Die ~ ist ein Schlüsselbegriff für das Verständnis und die → Interpretation von Texten aller Art.

**Interpretation:** Vorgang und Ergebnis der Deutung von Texten; Erklärung und Verstehen von Literatur

**Interpunktion:** Zeichensetzung

**Interrogativpronomen:** Fragepronomen

*Wer? Wann? Warum? Wohin?*

**Inversion:** Umkehrung der normalen Wortstellung im Satz

*Groß sind die Werke der Meister.*

*Dich sah ich und war verzückt.*

**Ironie (Adj.: ironisch):** Redeweise, bei der das Gegenteil des eigentlich Gesagten gemeint ist.

*„Das hast du ja wieder toll gemacht."*

**Jambus** (Gegensatz → Trochäus): Häufig verwendeter Versfuß, bei dem auf eine unbetonte eine betonte Silbe folgt.

*Wer nie sein **Brot** mit **Tränen aß***

**Jargon:** → Soziolekt, Slang; Sondersprache, die nur von einer Teilgruppe der Gesellschaft oder einer bestimmten Subkultur gesprochen und verstanden wird.

**Karikatur:** übertreibende witzige Darstellung von Menschen oder gesellschaftspolitischen Zuständen, meist in Form einer Zeichnung und mit einer negativ-kritischen → Intention

**Kasus:** Fall; grammatische Kategorie der → deklinierbaren Wortarten. Im Deutschen gibt es vier Fälle:

*Nominativ, Genitiv, Dativ, Akkusativ.*

**Klimax:** sich steigernde Reihung von Worten oder Satzgliedern

*Er kam, sah und siegte.*

**Kommentar:** Vor allem im Journalismus gebräuchliche Form des persönlich gefärbten wertenden Meinungsbeitrags

**Komparativ:** 1. Steigerungsstufe des → Adjektivs
*schneller, höher, weiter*
**Konditionalsatz:** Bedingungssatz (engl.: *if-clause*), wird durch ***wenn*** oder ***falls*** eingeleitet.
***Wenn das stimmt, dann komme ich.***
**Konjugation:** Beugung des → Verbs
**Konjunktion:** Bindewort
***und, oder, wenn, da, aber, nachdem***
**Konjunktiv** (Gegensatz → Indikativ): Möglichkeitsform des → Verbs
***Er sagte, Dietlinde habe geweint.***
***Ottos Mops würde wieder hopsen, wenn er Otto sähe.***
**Konsonant** (Gegensatz: Vokal): Mitlaut
*b, c, d, f, g, h, j, k, l, m ...*
**Kreuzreim:** Bezeichnung für die Reimstellung *abab*
*Dieses Baums Blatt, das von* ***Osten***
*Meinem Garten* ***anvertraut,***
*Gibt geheimen Sinn zu* ***kosten,***
*Wie's den Wissenden* ***erbaut.***

**Leitartikel:** → Kommentar in einer Zeitung oder Zeitschrift an hervorgehobener Stelle
**Leitmotiv:** wiederholtes Auftauchen eines zentralen Themas an wichtigen Stellen in einem Kunstwerk
**Leseverstehen:** Aufgabenform, bei der durch gezielte Fragen geprüft wird, ob der gelesene Text auch wirklich verstanden wurde.
**lineare Erörterung:** → steigende Erörterung
**Lyrik:** Poetische Dichtung; Gedichte. Die ~ ist neben der → Dramatik und der → Epik eine der drei grundlegenden Gattungen der Literatur.
**Lyrisches Ich:** Bezeichnung für den fiktiven Sprecher oder die Stimme eines Gedichts oder Liedtextes

**männlicher Reim** (Gegensatz → weiblicher Reim): Reimwort endet auf eine betonte Silbe.
*sag – mag*
*Kranz – Tanz*
**Maskulinum:** männlich; neben → Femininum und → Neutrum eines der drei Geschlechter.
*der Mann, er, ein Baum*
**Metapher:** sprachliches Bild; Ausdruck in übertragener Bedeutung
*Geldwäsche; Rabeneltern;*
*Mauer des Schweigens; Zahn der Zeit;*
*Die Nadel im Heuhaufen suchen*
**Modalverb/Modalsatz:** Bezeichnet die Art u. Weise der durch den immer dazugehörenden Infinitiv ausgedrückten Handlung. Im Deutschen gibt es sechs Modalverben: ***können, wollen, mögen, dürfen, sollen, müssen.***
*Ich kann tanzen.*
*Sie möchte nicht kommen.*
**Monolog** (Gegensatz → Dialog): Selbstgespräch einer Person, vor allem im Drama; als innerer Monolog häufig auch in der Erzählprosa.
**Motiv:** Beweggrund, Antrieb. In der Literatur ein thematisch wichtiges Element der Handlung.
*Das Motiv der feindlichen Brüder in Schillers „Die Räuber" ...*

**Nebensatz:** Satz, der in einen → Hauptsatz eingebunden ist und von ihm abhängt.
*Und er sah,* ***dass es gut war.***
*Ich freue mich,* ***weil sie kommt.***
**Neologismus:** Wortneuschöpfung
*iPad; Berufsjugendlicher; mobilifonieren*
**Neutrum:** sächlich; neben → Femininum und → Maskulinum eines der drei Geschlechter
*das Kind, es, ein Geschenk*
**Nomen** (auch: Substantiv): Hauptwort, Dingwort
*Tier; Türklinke; Treue; Transport*
**Nominativ:** 1. Fall/„Wer-Fall", steht auf die Frage: Wer oder was?
*der Mann, die Frau, das Kind (hat Hunger)*

**Objekt:** Satzergänzung, die vom → Prädikat abhängt. Man unterscheidet Genitiv-, Dativ- und Akkusativobjekte.
*Er gibt ihm das Buch* ***des Vaters.***
*Er gibt* ***ihm*** *das Buch des Vaters.*
*Er gibt ihm* ***das Buch*** *des Vaters.*
**Orthographie:** Rechtschreibung

**Paradoxon:** scheinbarer oder tatsächlich unauflösbarer Widerspruch
*bittersüß; dümmer als der Dümmste*
**Parallelismus:** Wiederholung gleicher oder ähnlicher Satzstrukturen
*„Tritt frisch auf! Tu's Maul auf! Hör bald auf!" (Martin Luther)*
**Parataxe** (Gegensatz zu → Hypotaxe): Aneinanderreihung von → Hauptsätzen ohne einen einzigen → Nebensatz.
*Josef ist krank. Er liegt im Bett. Er ist schwer krank und kann nicht mehr.*
**Parenthese:** Einschub von Worten in einen Satz
*Eines Tages – es war mitten im Sommer – geschah es.*
**Parodie:** Übertreibende Nachahmung eines literarischen Werks, bei der die Form beibehalten und ein eigentlich nicht passender Inhalt hinzugefügt wird.
*Märchenparodie; Filmparodie*

**Partizip Perfekt:** Mittelwort der Vergangenheit
*geschrieben; gegangen; transportiert*
**Partizip Präsens:** Mittelwort der Gegenwart
*schreibend; gehend; transportierend*
**Passiv** (Gegenbegriff zum → Aktiv):
Leidensform des → Verbs
*Die Gallier **wurden besiegt**.*
*Sie **wird** von allen **geliebt**.*
**Perfekt** (vgl. auch → Präteritum): Zeitform des → Verbs für Ereignisse, die zwar in der Vergangenheit stattgefunden haben, deren Auswirkungen aber in die Gegenwart hineinreichen. Das ~ wird ansonsten für mündliche Berichte benutzt und in Süddeutschland, in Österreich und der Schweiz durchgängig in der gesprochenen Sprache verwendet.
*Er hat mich belogen und betrogen.*
*Gestern sind wir ins Kino gegangen.*
**personale Erzählsituation:** Im Gegensatz zum → auktorialen Erzählstil wird hier das Geschehen aus der persönlichen Sicht einer der Hauptfiguren geschildert und das Erzählte deshalb auf das Hier und Jetzt beschränkt.
**Personalpronomen:** persönliches Fürwort
*ich, du, er, sie, es; wir, ihr, sie*
**Personifikation:** Vermenschlichung einer Sache oder einer Idee; Gegenstände oder auch Tiere und Pflanzen erhalten menschliche Eigenschaften und Fähigkeiten.
*Vater Staat; Mutter Natur*
*Die Sonne lacht, der Himmel strahlt.*
**Pleonasmus:** Sprachliche Figur, bei der dieselbe Eigenschaft von zwei Wörtern genannt wird, meist von einem Substantiv und einem Adjektiv.
*weißer Schimmel; runder Kreis*
*tote Leiche; Grundprinzip*
**Plural**: Mehrzahl
*Männer, Frauen, Kinder*
**Plusquamperfekt:** Besondere Zeitform für Vorgänge in der Vergangenheit, die weiter zurück liegen als die Geschehnisse, die im → Präteritum oder im → Perfekt stehen.
*Leonardo da Vinci hatte bereits eine Art U-Boot erfunden.*
*Sie ging sofort, nachdem sie beleidigt worden war.*
**Possessivpronomen:** besitzanzeigendes Fürwort
*mein, meine; dein, deine; sein, ...*
**Prädikat:** Satzaussage
*Wir schaffen die Prüfung.*
**Präposition:** Verhältniswort
*in, an, auf, unter, durch, neben*
**Präsens:** Gegenwart; Zeitform des → Verbs, das Geschehen ausdrückt, die sich gegenwärtig ereignen, die sich ständig wiederholen oder die allgemeingültig sind.
*Der Chef spricht gerade.*
*Jeden Morgen um 5 steht er auf.*
*Rom ist die Hauptstadt Italiens.*
**Präteritum** (vgl. auch → Perfekt): Vergangenheitsform des → Verbs, die für abgeschlossene Ereignisse sowie für schriftliche Berichte und Erzählungen benutzt wird.
*Er kam, als sie schlief.*
*1963 kam Kennedy nach Berlin*
**Pro und kontra:** Für und Wider einer Sache, die in Form einer → dialektischen Erörterung untersucht werden soll.
**Prosa:** Nicht durch Verse, Reim oder Rhythmus gebundene Sprache, wie sie für Erzählungen, Kurzgeschichten, Romane und Sachtexte typisch ist.
**Protagonist:** Hauptdarsteller, vor allem im Drama, aber auch in der → Epik.
**Protokoll:** Niederschrift über den Verlauf und das Ergebnis eines Vorgangs, einer Besprechung usw.
*Stundenprotokoll*

**Referat:** Vortrag, in der Regel mündlich, manchmal aber auch schriftlich
**Reimpaar:** Zwei aufeinander folgende, durch einen Reim verbundene Verse ***aa bb cc ...***
*Der da mit dem **Hut**,*
*der ist **gut**.*
*Die da mit der **Mütze**,*
*die tritt in die **Pfütze**.*
*Und da vor dem **Juze**,*
*da trägt jemand **Kapuze**.*
**Relativpronomen:** Bezügliches Fürwort, das stets einen → Relativsatz einleitet.
*der, die, das; welcher, welche, welches*
**Relativsatz:** Besondere Untergruppe der → Nebensätze, die ein voranstehendes Satzglied genauer beschreiben und die durch ein → Relativpronomen eingeleitet werden.
*Xaver, der strohdumm ist, glaubt ...*
*Meine Haare, die frisch gestylt sind,*
**Rezension:** Besprechung z. B. eines Buches oder Films, wobei der Inhalt wiedergegeben und bewertet wird.
**Rhetorik:** Redekunst
**Rhetorische Frage:** Scheinfrage, deren Antwort aber eigentlich klar ist
*Wollt ihr das denn wirklich?*

**Satire:** Spottdichtung, die menschliche Schwächen oder gesellschaftliche Missstände bloßstellt und mit Witz und → Ironie kritisiert, wobei sie übertreibt, um zu verdeutlichen.

**Schlagwort:** Griffiger, aber meist inhaltsarmer Begriff oder Spruch, mit dem beim Publikum Eindruck gemacht werden soll
*Achse des Bösen*
*Nachhaltige Wirtschaftsweise*
**Schweifreim** (auch: umarmender Reim): Reimschema bei dem ein → Reimpaar von zwei anderen sich reimenden Versen eingerahmt ist.
*abba; aabccb*
*Mit der Schule ist jetzt **Schluss**.*
*Aus und **vorbei**.*
*Noten sind nun **einerlei**.*
*Ein Ende dem „Soll" und „**Muss**".*
**Semikolon:** Strichpunkt; Satzzeichen, das zwei Teilsätze stärker als das Komma, aber weniger als der Punkt trennt.
*Er kam zurück; sie aber war weg.*
**Singular:** Einzahl
*Mann, Frau, Kind*
**Slang** → Jargon
**Soziolekt:** Gruppensprache, die nur von einer bestimmten sozialen Gruppe gesprochen wird.
*Jugendsprache, Seemannssprache*
**steigende Erörterung** (auch: lineare Erörterung): → Erörterung, bei der ein Standpunkt mit → Argumenten begründet wird, ohne dass Gegenargumente berücksichtigt werden müssen.
*Die Vorzüge des Reisens*
*Welche Vorteile hat ein PC?*
**Stellungnahme:** Äußerung der eigenen Meinung, die oft den Schluss bestimmter Aufgaben wie vor allem der → Erörterung bildet.
**Subjekt:** Satzgegenstand; der Satzteil, der auf die Frage „Wer oder Was" steht
*Wir schaffen die Prüfung.*
**Substantiv:** → Nomen
**Substantivierung** (auch: Nominalisierung): Bildung eines → Substantivs aus einem → Verb oder → Adjektiv.
*das Laufen; mein Lachen; Studierende*
*das Blau; die Langsamkeit; das Kreative, die Kreativität*
**Superlativ:** 2. Steigerungsstufe des → Adjektivs
*der schönste Mann, die stärkste Frau*
**Symbol:** Sinnbild; Zeichen oder Bild, das einen tieferen Sinn andeutet.
*das Kreuz als Symbol des Christentums*
*die Taube als Friedenssymbol*
**Syntax:** Lehre vom Satzbau
**Szenesprache:** → Jargon einer bestimmten gesellschaftlichen Gruppe, oft von Jugendlichen.

**Tätigkeitswort** → Verb
**Tempus:** Zeit; Zeitform des → Verbs
**Textbeschreibung:** Aufgabenform, bei der ein vorgegebener Text zusammengefasst und inhaltlich und sprachlich untersucht werden soll. Meistens bezieht sich die Aufgabe einer ~ auf ein Gedicht oder einen kurzen Prosatext.
**Texterörterung:** Aufgabenform, bei der eine → Erörterung verlangt wird, die von einem vorgegebenen Text ausgeht und darauf aufbaut.
**Textkritik:** Methode, einen Text kritisch zu untersuchen und zu bewerten.
**Textwiedergabe:** Der → Inhaltsangabe verwandte Form der Zusammenfassung eines Textes, bei der vor allem der in dem Text enthaltene Gedankengang und sein Aufbau hervorgearbeitet werden sollen.
**These:** Behauptung; Ausgangssatz; Aussage, deren Wahrheitsgehalt noch überprüft werden muss. In der → dialektischen Erörterung wird die ~ mit der → Gegenthese konfrontiert, um sie zu bestätigen oder zu widerlegen.
**Trivialliteratur:** leicht verständliche Unterhaltungsliteratur mit geringem literarischem Anspruch
**Trochäus** (→ Jambus): Häufig verwendeter Versfuß, bei dem auf eine betonte eine unbetonte Silbe folgt.
***Frü**hling **läss**t sein **blau**es **Band***
***Wie**der **flat**tern **durch** die **Lüf**te (Mörike)*

**Umlaut:** Veränderung eines → Vokals
*ä, ö, ü*
**unreiner Reim:** Reimstellung, bei der Vokale und Konsonanten nicht vollständig übereinstimmen.
*blüht – flieht*
*Rat – hat*

**Verb:** Tätigkeitswort, auch: Zeitwort
*laufen, lief, gelaufen*
**Vergangenheit:** → Präteritum
**Verhältniswort** → Präposition
**Versmaß:** Metrum, also ein bestimmtes sich wiederholendes Muster von Versfüßen oder Takten, zum Beispiel von betonten und unbetonten Silben.
**Vokal** (→ Konsonant): Selbstlaut
*a, e, i, o, u*

**weiblicher Reim** (Gegensatz → männlicher Reim): Reimwort endet auf eine unbetonte Silbe
*Gesungen – verklungen*
*wollen – sollen*
**Wortspiel:** Rhetorische Figur, bei der mit der Mehrdeutigkeit von Worten geistreich und mit Humor gespielt wird.
*Wer rastet, der rostet.*
*Wer nichts wird, wird Wirt.*

**Zeitwort** → Verb
**Zukunft** → Futur

# Lösungen

## Zur Bewertung der Tests:

→ Falls nicht in der Lösung anders angegeben, vergeben Sie pro Teilaufgabe einen Punkt – bzw. ziehen Sie pro Fehler einen Punkt ab.
Sind Beispiellösungen angegeben, so bewerten Sie sich selbstkritisch.

→ Seien Sie vor allem beim Einstiegstest streng in der Bewertung:
Er soll schließlich Aufschluss darüber geben, wo sinnvollerweise bevorzugt geübt werden soll.

### Einstiegstest, Seite 7 – 9

**1**
a) Dass das „dass", das das „daß" ersetzt hat, zur verbindlichen Norm geworden ist, missfällt mir.
b) Das war ein Problem, das ich nicht adäquat lösen konnte.
c) Das Studieren von Fachliteratur und das tägliche Lesen einer Tageszeitung sollte von jedem erwartet werden.
d) Eine Bewerbung im Internet muss für den einzelnen über kurz oder lang zur schieren Selbstverständlichkeit werden.
e) Philosophie und Philologie sind nicht dasselbe.

**2** „Wenn die Haifische Menschen wären?", fragte Herrn Keuner die kleine Tochter seiner Wirtin. „Wären sie dann netter zu den kleinen Fischen?" „Sicher!", sagte er, „wenn die Haifische Menschen wären, würden sie im Meer gewaltige Kästen bauen lassen. Mit allerhand Nahrung drin, sowohl Pflanzen als auch Tierzeug. Sie würden sorgen, daß die Kästen immer frisches Wasser hätten, und sie würden überhaupt allerhand sanitäre Maßnahmen treffen, damit sie den Haifischen nicht wegstürben vor der Zeit, damit die Fischlein nicht trübsinnig würden, gäbe es ab und zu große Wasserfeste, denn lustige Fischlein schmecken besser als trübsinnige. Es gäbe natürlich auch Schulen in den großen Kästen. In diesen Schulen würden die Fischlein lernen, wie man in den Rachen der Haifische schwimmt. ..."
**(Ziehen Sie einen Punkt für jeden Fehler ab.)**

**3**
a) 3. Pers. Sing. Perf. Indikativ Aktiv
b) 1. Pers. Pl. Fut. II Indikativ Aktiv
c) 3. Pers. Sing. Präs. Indikativ Passiv
d) 2. Pers. Sing. Präs. Aktiv Konj. II
e) 3. Pers. Sing. Imperf. Indikativ Passiv
f) 3. Pers. Sing. Präs. Aktiv Konj. I

**4**
a) Sie schenkten ihr vor kurzer Zeit Turnschuhe: Subjekt – Präd. – Präpositionalobjekt im Dativ – Adverb. der Zeit – Akkusativobjekt
b) Der Fußballer des Aufsteigers wurde von seinen Managern genau unter die Lupe genommen: Subjekt – Gen. Attribut – Präd. – präp. Dativobjekt – Adverb. der Art und Weise – Adverb. der Art und Weise – Präd.
c) Der tosende Sturm machte uns Angst: Subjekt (+ Adjektiv-Attribut) – Prädikat – Dativobjekt – Akkusativobjekt
d) Das hättest du aus Pflichtgefühl tun sollen! Akkusativobjekt – Präd. – Subjekt – Adverb. des Grundes – Präd. + Präd.

**5** Hochsprache, Umgangssprache, Dialekte, Szene- und Fachsprachen; im Deutschunterricht sollte die Hochsprache dominieren. Dialekte, Szenesprachen und die Umgangssprache sollten in Arbeiten nicht verwendet werden – außer etwa in direkter Rede (insofern angemessen) oder wenn diese Sprachvarianten selbst Gegenstand einer Arbeit sind.

**6** Autor, Textsorte, Titel, Thema, Hauptpersonen, Ort und Zeit

**7** Die Absicht des Autors ist der Schlüssel für die Textanalyse, weil sich von da der Inhalt ebenso erschließen lässt wie die sprachliche Form.

**8** Aufbau und Gliederung des Gedichts; Versmaß und Rhythmus; sprachliche Mittel und Bilder; Beziehung der Überschrift zum Inhalt; Rolle und Bedeutung des lyrischen Ichs; Wirkung des Gedichts auf den Leser; Intention des Autors

**9** Die Pro-und-Kontra-Erörterung wird auch als dialektische Erörterung bezeichnet. Unter linearer Erörterung (auch: „steigende Erörterung") versteht man die Begründung eines

Standpunkts, ohne dass Gegenargumente berücksichtigt werden müssen.

**10** Die Stellungnahme darf persönlich sein. Sie sollte aber nicht im Widerspruch zu der vorausgegangenen Erörterung stehen und differenziert und ausgewogen sein.

**11** Nach der Erschließung des Themas beginnen Sie gegebenenfalls mit der genauen Erarbeitung des Textes und mit der Stichwortsammlung. Danach ordnen Sie Ihre Stichworte in einer Gliederung und schreiben die Einleitung vor. Anschließend beginnen Sie mit der Niederschrift Ihrer Arbeit.

**12** Zunächst ist eine Textwiedergabe anzufertigen; danach wird der Text genau untersucht (Leserwirkung, Aufbau, Gliederung, sprachliche Gestaltung, Beziehung von Form und Inhalt, Intention) und gedeutet. Dabei können textexterne Faktoren (biografischer Hintergrund des Autors, Zeitumstände) mit einbezogen werden.

**13** Tagebucheintrag; innerer Monolog; Brief; Dialog; szenische Gestaltung; Rede; Zeitungsartikel; Buchbesprechung.
Beim produktiven Schreiben sind Fantasie und Einfühlungsvermögen sowie eine genaue Textkenntnis wichtig.

**14**

| | | |
|---|---|---|
| Böll | Heinrich | Nachkriegsliteratur |
| Heine | Heinrich | Junges Deutschland |
| Novalis | Friedrich von Hardenberg | Romantik |
| Lessing | Gotthold Ephraim | Aufklärung |
| Bachmann | Ingeborg | Nachkriegsliteratur |
| Der junge Schiller | Friedrich | Sturm und Drang |
| Fontane | Theodor | Realismus |

**15** 1765–1785; Betonung von Gefühl und Willen, Befreiung des Individuums, scharfe Kritik an Kultur und Gesellschaft; Herder, Goethe, Schiller.

## Rechtschreibung und Zeichensetzung, Seite 10–20

**1** **Bewerben im Internet**
Immer mehr Zusatzqualifikationen und (mehr) Fachwissen werden auf der Suche nach Arbeit von Bewerbern gefordert. Der Gang zum Arbeitsamt und das Studieren der Tageszeitung reichen oft nicht mehr aus. Das Bewerben im Internet spart nicht nur (viel) Zeit und (viel) Geld, sondern beweist auch (die/gute) Kenntnis des Bewerbers in Sachen Internet. Am besten sucht man auch in (den) Jobbörsen nach passenden Angeboten.
Zu den Jobbörsen führen (die/einige) Suchmaschinen, zum Beispiel www.google.de. Viele Jobs und (viele) Ausbildungsstellen werden auch von den meisten Tageszeitungen im Internet angeboten. Hat man eine Stelle gefunden, nimmt der Bewerber den ersten Kontakt zu dem Unternehmen auf, am besten über (eine) E-Mail oder (über das) Telefon. Die Kontaktaufnahme sollte, wie die schriftliche Bewerbung auch, gut strukturiert, ein realistisches Bild der persönlichen Fähigkeiten und kein Griff nach den Sternen sein, sondern kurz und sachlich auf den Punkt kommen.
Trotz aller guten Tipps gilt jedoch für das Bewerben im Internet die Devise „Learning by doing". Je mehr jeder Bewerber ausprobiert, desto höher steigt seine Chance auf eine positive Antwort.

**2** barfuß, der Rasen, leise, rasten, konfus, der Applaus, der Kies, gießen, der Atlas, außerdem, der Grieß, der Kürbis, er stieß, das Gefäß, der Hinweis, husten, der Erlös, weiß, der Schmaus, das Haus, das Rhinozeros, rosten, sie sauste, das Wesen, fleißig, kosten, das Geheimnis, genießen, das Gefäß, der Beweis, der Hase, der bloße Fuß, er blies, der Gruß, das Verlies, das Maß, der Globus, leisten, der Bus, er stieß, der Riese, die Finsternis, die Soße, das Zeugnis, der Fleiß, die Ananas, draußen, die süße Kokosmakrone, der Stoß, die Vase, die Fastenzeit, sie heißt, der Krokus, ungestört, das Versäumnis, tausend, die Fruchthülse, der Spieß, meistens, die Insel, die große Last, der Mist, die Masern, basteln, die Wiesen, das Gemüse, eine riesige Nase, hasten

**3**
a) fließen, er floss, geflossen, flüssig, Fluss, fließend, Fließpapier, Fließband
b) heißen, er hieß, geheißen
c) beißen, sie biss, gebissen, Biss, Bissen, bisschen
d) schließen, er schloss, geschlossen, Schließfach, Schließmuskel, Verschluss
e) stoßen, er stößt, Anstoß, Stoßdämpfer, stoßsicher, stoßweise

**4** a) Martin freute sich furchtbar, dass es endlich schneite.
b) Er dachte kaum darüber nach, dass der plötzliche Wetterumschwung den Autofahrern ziemliche Probleme bereitete.
c) Das sichere Fahren im Auto, das bei diesem Schneefall ein hohes Risiko war, war ohne Winterreifen unmöglich.
d) Dennoch saß Martin am Fenster und amüsierte sich, dass viele Verkehrsteilnehmer wie auf einer Skipiste schlitterten.
e) Er lachte darüber, dass eine Frau auf ihren glatten Sohlen ausrutschte und hinfiel.
f) Einige Hunde sprangen durch das Schneetreiben, das immer dichter wurde.

**5** Das war ein Abenteuer, das ich nicht vergessen werde: Das Tropengewitter, das zwei Stunden angedauert hat, ist endlich vorbei. Es ist klar, dass wir unseren Weg durch den Urwald nun fortsetzen können. Die Luft ist zum Schneiden dick. Das war aber vorauszusehen. Schwer fällt uns das Atmen, das uns zu Hause keine Probleme bereitet. Immer wieder müssen wir anhalten, das verzögert das Vorankommen. Undurchdringlich erscheint das Unterholz, das uns mit armdicken Schlingpflanzen und meterdicken Baumstämmen den Weg versperrt. Das Freischlagen des Pfades mit Haumessern gestaltet sich schwierig. Deutlich zu spüren ist, dass die Beine anschwellen und schwer werden. Das ist eine ganz schöne Tortur. Wir schleppen uns so mühsam weiter, dass der Atem immer schneller geht. Kein Sonnenstrahl dringt durch das Blätterdach, das die Bäume bilden. Am Abend rasten wir an einem verlassenen Dorf, das halb verfallen ist. Das entfachte Feuer tut so gut, dass die Strapazen weniger schlimm erscheinen. Ich weiß, dass ich todmüde bin, doch der Urwald hält mich wach – das ist noch viel anstrengender, wenn man eigentlich schlafen möchte. Ringsum spielt der tropische Regenwald das Nachtkonzert, das tausend Tiere kreischen und pfeifen. Ich muss feststellen, dass das nächtliche Höllenspektakel einen nicht zur Ruhe kommen lässt, obwohl es am Tag wieder ganz still ist. Das ist kein Urlaub, das ist Abenteuer pur.

**6** riesig großen (aber: riesengroß), ernst nehmen, nasskalt, schwerfallen, krankzumelden, schiefgegangen, gutzumachen, winzig kleinen, kleingeschrieben, zusammengeschrieben, totzuschlagen, vollenden, fertigstellen (fertig stellen), blaugrauen, schiefgehen, kommst du voran, taubstumm, toternst, übel nehmen/übelnehmen, kleinlaut, zusammen machen,

**7** hochklettern, liegen lassen/liegenlassen, Rad fahren, Computer spielen, lästig finden, Zeit verlieren, Maß halten/maßhalten, schwarzärgern, stecken bleiben/steckenbleiben, Lust haben, ruhig bleiben, bange sein, schlafwandeln, übrigbleiben, wachrütteln, grünärgern, dunkelrot, auseinandergehen, schlussfolgern, brustschwimmen, rückwärtsfahren, dichtgedrängt, durcheinanderreden, tief erschüttern, taub stellen, steinreich, spazieren gehen

**8** Mein Freund ist manchmal so engstirnig, dass man keineswegs mit ihm reden kann. Mitunter ist mir sein Verhalten dann ein wenig zu großspurig. Infolgedessen wirkt er zeitweilig auch wie weggetreten. Auf bestimmte Vorfälle reagiert er irgendwann nur noch kaltschnäuzig. Das kann man ihm dann richtig übel nehmen (auch: übelnehmen), zum Beispiel wenn er beim Fernsehen nicht durch die Kanäle zappen darf. Dann guckt er richtig sauertöpfisch. Auch bei einer Familienfeier kriegt er meist irgendwann einen Koller. Statt sitzen zu bleiben, wenn alle miteinander reden, steht er zumeist auf, um abzuhauen. Aber wenn es wirklich darauf ankommt, wenn ich mich richtig auf ihn verlassen muss, dann schaut er meistens gutmütig drein und steht hinter mir. Deshalb mach ich mir gar keine Sorgen.

**9** circa; zirka; etwa, ungefähr, lateinisch
Shrimps; Schrimps; Krabbenart, italienisch
Mayonnaise; Majonäse; kalte, gewürzte Sauce aus Eiern und Öl, französisch

**10** Fotografie – Photographie – ~~Fotographie~~ – ~~Photografie~~
~~Strofe~~ – Strophe – ~~Strohfe~~ – ~~Strohphe~~
~~Diftong~~ – Diphthong – ~~Difthong~~ – ~~Diphtong~~
~~Filosophie~~ – ~~Vielosophie~~ – Philosophie – ~~Philosofie~~
~~Mehgaphon~~ – Megaphon – Megafon – ~~Megahfon~~

**11** Philosoph, Panther, Myrrhe, Rhythmus, Rheuma; Lösungswort: super

**12** [Massenmedien sind allgemein dadurch gekennzeichnet], [dass sie sich an eine Masse richten]. [Dies ist ein Publikum], [das nach

Alter, Bildungsstand und Anzahl unbestimmt zusammengesetzt ist] [und nicht an einem Ort versammelt ist.] [Die herkömmlichen Massenmedien sind für jedermann zugänglich], [wirken nur in eine Richtung] [und machen eine direkte Kommunikation nicht möglich.] [Sie können also nur auf indirektem Wege zur Wirkung kommen], [nämlich durch technische Hilfsmittel wie Rotationsdruck, Funkwellen, Sende- und Empfangsgeräte]. [Massenmedien kann man also als Transportmittel der indirekten Kommunikation bezeichnen], [die im Leben vieler Menschen einen größeren Raum einnimmt, als die direkte Kommunikation.] [Diese direkte Form findet in der Familie, mit Freunden und Bekannten oder mit Kollegen am Arbeitsplatz statt]. [Wenn wir mit Fremden über Politik, über Sportereignisse, über den neuesten Film reden], [merken wir], [dass fast alle ihr Wissen, oft auch ihre Meinung, aus den Medien beziehen.]

## Zwischentest, Seite 20

**1** **Reisen bildet – Sprachkurse im Ausland helfen oft auch für den Beruf**
Am Strand liegen und Vokabeln pauken ~~lästigfinden~~/lästig finden? Im Gegenteil! Für viele ~~deutsche~~/Deutsche ist das eine reizvolle/~~Reiz volle~~ Urlaubskombination. Mehr als 150 000 Deutsche buchen jedes Jahr einen Sprachkurs im Ausland und ~~wieder holen~~/wiederholen diese Reisen sogar mehrfach. „Der Trend ist seit Jahren ungebremst. Der Anteil Erwachsener hat den jugendlicher/~~Jugendlicher~~ Sprachreisender weit überflügelt", weiß/~~weis~~ Claus Kunze vom Fachverband Deutscher/~~deutscher~~ Sprachreiseveranstalter (FDSV) in Berlin ~~zuberichten~~/zu berichten. Früher habe dabei das Interesse an der Kultur im Vordergrund gestanden, stattdessen/~~statt dessen~~ seien es heute/~~Heute~~ vorwiegend berufliche Gründe. „Immer mehr ~~selbstbewuste~~/selbstbewusste/~~selbst bewusste~~ Erwachsene entdecken Sprachreisen ~~seit dem~~/seitdem ~~zu allererst~~/zuallererst auch als Single-Urlaub", ergänzt Monika Düngemann, Produktmanagerin für Sprachreisen in München. „Allein in Deutschland gibt es rund sechzig Anbieter", schätzt Kunze. Nicht alle sind seriös, das/~~dass~~ hat er mittlerweile/~~mittler-Weile~~ ~~heraus gefunden~~/herausgefunden. Die 21 im FDSV organisierten Veranstalter würden dagegen regelmäßig/~~regelmeßig~~/~~regelmässig~~ Standards wie Lehrerqualität, Ausstattung und Unterbringung kontrollieren lassen/~~kontrollierenlassen~~. Ratschläge gibt auch die Aktion Bildungsinformation (ABI) in Stuttgart, die den Sprachreisemarkt unter die Lupe nimmt und vor „schwarzen/~~Schwarzen~~ Schafen" warnt.

**2** Beide Pole der Erde erreicht
Warschau. Janek Mela, ein einbeiniger polnischer Schüler, hat am Silvestertag nach einem gewaltigen Fußmarsch den Südpol erreicht. „Es ist unglaublich, wie er als behinderter Junge die Kälte bezwungen hat", kommentiert sein Vater stolz diese Leistung. Für den 16-Jährigen war es der zweite Triumph in wenigen Monaten. Erst im April sei er zum Nordpol gewandert, berichtet Vater Jurek, der den Tatendrang seines Jungen kaum fassen kann. „Mit einem künstlichen Bein hat er sich auf beiden Touren durch die Schnee- und Eismassen gekämpft. Wir haben richtig gut zusammengearbeitet, aber auch zusammen gelitten", berichtet der erfahrene polnische Abenteurer Marek Kaminski, der den Jugendlichen begleitet und unterstützt hat. Mela, der vor zwei Jahren bei einem Unfall einen Arm und ein Bein verlor, wurde damit zum jüngsten Menschen, der innerhalb eines Kalenderjahres Nord- und Südpol erreichte. Das mache ihn zu einem ganz besonderen Menschen, der sich von anderen abhebe, so der Vater.

## Sprache und Grammatik, Seite 21–30

**1** a) Nee, sowatt abba auch! Datt glaubse nich! Da hatt doch die Gerda 'n Krösken mitten Nachbarn. (Dialekt: Ruhrdeutsch)
b) Also ehrlich, da bin ich gestern wieder nach Sparkauf gegangen, um Angebote zu kaufen, weil die sind ja wirklich immer billig. Da steht da doch so ne Riesenschlange vor. (Umgangssprache)
c) Wer schon als Kleinkind vom Fernseher verwöhnt und ruhig gestellt wurde, der schweigt offenbar auch, wenn er älter ist. (Standardsprache)
d) Das ist ne richtige Bitch. (Jugendsprache)

e) Bei der Ausführung des Eckstoßes darf die Eckfahne nicht entfernt oder verändert werden. (Fachsprache: Fußball)

**2** a) Subjekt – Prädikat – Dativobjekt – adverbiale Bestimmung der Zeit – Akkusativobjekt.
b) Dativobjekt – Prädikat – Subjekt – Präpositionalobjekt– adverbiale Bestimmung
c) Subjekt – Prädikat – adverbiale Bestimmung der Zeit – Akkusativobjekt – Präpositionalobjekt
d) Subjekt – Prädikat – adverbiale Bestimmung des Ortes
e) Subjekt – Prädikat – Akkusativobjekt – Dativobjekt

**3** a) 3. Pers. Sing. Präsens Indikativ Aktiv
b) 3. Pers. Pl. Futur II Indikativ Aktiv
c) 3. Pers. Sing. Plusquamperfekt Indikativ Passiv
d) 2. Pers. Pl. Konjunktiv II der Vergangenheit Aktiv
e) 3. Pers. Sing. Präsens Indikativ Passiv
f) 3. Pers. Sing. Plusquamperfekt Indikativ Aktiv; 3. Pers. Sing. Perfekt Konjunktiv I Aktiv

**4** Greta ging völlig in Gedanken die Straße entlang. Die Menschen, die rechts und links an ihr vorbeieilten, sah sie nicht. Zu sehr beschäftigte sie das gestrige Gespräch mit Jan. Was hatte er da zu ihr gesagt? „Du bist wirklich ein toller Kumpel!" Kumpel! Pah! Das wollte sie nun wirklich nicht für ihn sein! „Wie werde ich von nun an mit ihm umgehen?", ging es ihr durch den Kopf. Automatisch stoppte sie vor einer Ampel. Ohne aufzusehen überquerte sie die Straße. Da sah sie das Auto auf sich zukommen. Vor lauter Schreck konnte sie sich nicht rühren. Im letzten Moment spürte sie einen Arm, der sie von der Straße riss.

**5** Christoph sagte, er habe darüber nachgedacht, für welche Zwecke der Erlös des Schulfestes gespendet werden könne. Er schlüge vor, das Geld der hiesigen Tafel zu geben. Dort bekämen Menschen täglich ein warmes Essen, die es sich selbst nicht mehr leisten können. Er fragte, ob es nicht schlimm sei, dass mittlerweile hier bei uns solch eine Armut herrsche. Auch einige Schüler unserer Schule seien bereits auf Hilfe angewiesen. Christoph halte es für sehr sinnvoll, wenn die Einnahmen dahin flössen. Auch Freiwillige, die die gespendeten Lebensmittel von den Läden abholten, würden immer gebraucht. Er sagte, wir sollten seinen Vorschlag in den Klassen vorstellen.

**6** a) Es handelt sich um einen sehr einfachen, durch seine klare parataktische Struktur leicht verständlichen Text. Er wirkt schon beim ersten Lesen/Hören eindringlich und kann eigene Gedanken anstoßen.
b) Die hypotaktische Satzkonstruktion spiegelt die Aufgeregtheit der Situation wider. Der Leser muss herausfinden, wer was tut:
der Schlossvogt ...
die Hunde ...
der Fremde ...
der Rosskamm ...
die Ritter ....
Das erschwert ein schnelles Überfliegen des Textes, man muss sich auf eine etwas anstrengende Lektüre einstellen.

**7** a) Weil die Halle geschlossen wurde ...
b) Obwohl Sonderbestimmungen hinzugefügt worden waren ...
c) Bevor der Antrag genehmigt wurde ...
d) Wenn ein Beschluss gefasst wird, sollte man berücksichtigen, wie hoch die Beteiligten belastet werden.

Es sind natürlich auch andere Lösungen möglich; wichtig ist, dass nicht gehäuft „-ung-Wörter" verwendet werden

**8** mögliche Bedeutungen:
a) Alex: „Herr Meier ist doch wirklich das Letzte!"
**Selbstmitteilung:** Ich bin enttäuscht über meine Note.
**Appell:** Stimmt mir alle zu!
**Sachinhalt:** Note 5 in der Mathearbeit
**Beziehung:** Ich bin wütend über die Benotung des Lehrers
b) Mutter: „Da hilft nur Üben!"
**Selbstmitteilung:** Ich bin enttäuscht über die Note.
**Appell:** Übe mehr!
**Sachinhalt:** Du hast eine schlechte Note geschrieben, weil du zu wenig geübt hast.
**Beziehung:** Ich mache mir Sorgen um dich.

9 Vater: **Sachinhalt:** Ich gehe jetzt spazieren. Tochter hört **Appell:** Komm doch mit spazieren/**Selbstmitteilung:** Ich habe keine Lust. Herr Müller: **Sachinhalt:** Da kommt ein Radfahrer. Frau Müller hört **Beziehung:** Ich halte dich für eine schlechte Autofahrerin.

## Zwischentest, Seite 29–30

1

| | |
|---|---|
| Bindewort | **Konjunktion** |
| **Möglichkeitsform** | Konjunktiv |
| **Zukunft** | Futur |
| Hauptwort | **Nomen** |
| **Eigenschaftswort** | Adjektiv |
| Fürwort | **Pronomen** |
| **Satzreihung** | Parataxe |
| **Verhältniswort** | Präposition |

2 Der amerikanische Präsident Kennedy betonte in seiner Rede, er spreche deshalb vom Frieden, weil der Krieg ein neues Gesicht bekommen habe. Ein totaler Krieg sei sinnlos, da die Großmächte Atomstreitkräfte unterhalten könnten und sich weigerten, zu kapitulieren, ohne vorher auf diese Streitkräfte zurückgegriffen zu haben. Er sehe Frieden als zwangsläufig vernünftiges Ziel vernünftiger Menschen. Er sei sich aber bewusst, dass die Worte desjenigen, der nach Frieden strebe, oft auf taube Ohren träfen.

3
- Täglich fährt ein Kontrolleur → temporales Adverbiale betont: Es geschieht jeden Tag.
- Im ICE fährt täglich → lokales Adverbiale betont: Es geschieht in einem besonderen Zug.
- Von Frankfurt nach Köln fährt täglich → lokales Adverbiale betont: Strecke

4 Es handelt sich um einen ausgeprägten Nominalstil mit vielen -ung-Substantiven: Verschmutzung, Nutzung, Schließung, Erwägung. Der Text wirkt dadurch sehr amtlich und bürokratisch.
Umformulierung:
Thema der Gemeinderatssitzung waren die öffentlichen Toiletten. Weil sie ständig verschmutzt sind, erwägt der Gemeinderat, sie zu schließen.

5 a) Die Ausgangssituation wird sehr einfach, parataktisch aneinandergereiht geschildert. Die dramatische Entwicklung wird in einem Satzgefüge mitgeteilt.
b) Der Text besteht nur aus Hauptsätzen, ist dadurch sehr leicht verständlich; er will ja eine Lehre vermitteln (Fabel!).
c) Der Stil entspricht der beschriebenen „Gesellschaft": Er ist etwas gehoben, alles ist geregelt, Nebensätze klären die Zusammenhänge (als, die, nachdem, indem).

6 Hochsprache, Umgangs- und Alltagssprache, Dialekte, Szenesprachen (auch: Jargon, Slang), Fachsprachen; Überprüfen Sie Ihre Erläuterungen anhand von Seite 21.

7 Antlitz, Gesicht
Gattin, Ehefrau, Frau/Weib
Bekleidung, Kleider
Lehranstalt, Schule
Prügeln, schlagen, zuhauen
entgegennehmen, bekommen, kriegen
betrachten, zusehen, glotzen
sich bemühen, sich anstrengen, rackern/malochen
sprechen, reden, quatschen
entschlafen, sterben

8 Jede sprachliche Mitteilung enthält einen Sach- und einen Beziehungsaspekt sowie – oft versteckt – eine Selbstmitteilung und einen Appell. Missverständnisse entstehen leicht, wenn der Empfänger einen anderen Aspekt aus der Botschaft heraushört, als der Sender gemeint hat.

## Textbeschreibung und Textanalyse, Seite 31–42

1 a) Der vorliegende Artikel aus der Süddeutschen Zeitung vom 10. März 2010 macht darauf aufmerksam, dass das Finanzministerium Schulessen höher besteuern wolle, während der Verzehr von Snacks, wie sie an Imbissständen verkauft werden, weiterhin mit dem niedrigeren Steuersatz berechnet werde.
b) Die zentrale Fragestellung des Artikels lautet, ob es nachvollziehbar und gerecht sei, dass Fastfood niedriger besteuert werde als das Essen in einer Schulmensa.
c) Der Text ist überwiegend sachlich in Berichtsform geschrieben und verzichtet weitgehend auf Polemik. Formulierungen wie „die Beamten ...

haben wohl schon geahnt" und „sie haben sich ... um Beispiele bemüht" machen allerdings deutlich, dass der Autor die Handlungsweise des Finanzministeriums nicht billigt. Auch die nachfolgende Argumentation macht dies deutlich, da die Begründungen der Finanzbeamten konstruiert erscheinen und nicht einleuchten.

d) Der Autor möchte verdeutlichen, dass die unterschiedliche Besteuerung von Imbissprodukten und Schulessen nicht nachvollziehbar sei. Durch den beifällig zitierten Hinweis des Tübinger Oberbürgermeisters (s. letzter Absatz) zieht er auch weitere Teile des Steuerkonzepts der Bundesregierung infrage.

**2** individuelle Lösung

**3** a) Enzensberger vertritt in dem vorliegenden Essay, der 1997 erschienen ist, die These, dass in Zukunft „Luxus" neu definiert werden muss, weil vieles von dem, was früher nur wenige Menschen besessen haben, inzwischen längst zum Massengut geworden ist.

b) Enzensbergers Kernaussage ist, dass sich zukünftig nur noch wenige Menschen elementare Lebensbedürfnisse wie Ruhe, saubere Luft und die Konzentration auf das Wesentliche wirklich leisten können. Er begründet seine These mit Beispielen aus verschiedenen Lebensbereichen und weist damit darauf hin, dass schon heute viele Menschen keine Zeit mehr haben, einer pausenlosen Informationsüberflutung ausgesetzt sind und ein Übermaß an Konsumgütern zur Verfügung haben.

c) Die Absicht Enzensbergers dürfte darin bestehen, auf bedenkliche Konsequenzen unserer modernen Lebensweise und der heutigen Wohlstandsgesellschaft hinzuweisen. Der Schriftsteller will damit wohl auch erreichen, dass die Leser ihren eigenen Lebensstil kritisch überprüfen und dass sie sich wieder mehr auf das Wesentliche konzentrieren.

**4** individuelle Lösung

**5** a) Anlässlich der Einweihung eines Gedenksteins in dem früheren Konzentrationslager Bergen-Belsen hält der erste deutsche Bundespräsident 1952 eine Ansprache, in der er sich der Verantwortung stellt, die sich aus der furchtbaren Vergangenheit des Dritten Reiches ergibt. Als Ursache für die grauenvollen Verbrechen in den nationalsozialistischen Vernichtungslagern sieht Heuss die verhängnisvolle „Halbbildung" der meisten Menschen in der NS-Zeit, die primitive biologistische Ideologie der damaligen Zeit und das Fehlen von moralischen Maßstäben. Er macht weiter darauf aufmerksam, dass sehr viele Zeitgenossen von den Verbrechen eigentlich gewusst haben. Gerade deshalb sei es so wichtig, sich mit dieser Vergangenheit auseinander zu setzen.

b) Die Rede macht heute noch betroffen. Auch und besonders damals wird die Ansprache viele Menschen nachdenklich gemacht haben. Der Appell des sehr angesehenen ersten Bundespräsidenten, auch die eigene Vergangenheit mit einzubeziehen, dürfte allerdings bei machen Zuhörern eher auf Ablehnung gestoßen sein.

c) Die Sprache von Heuss ist eindringlich. Sie weckt Gefühle des Abscheus und weist differenziert auf tiefer liegende Ursachen der NS-Verbrechen hin. Der Stil der Ansprache ist staatsmännisch, ausgewogen und behutsam. Da der Bundespräsident gleich zu Beginn seine eigene Unsicherheit eingesteht, wirkt er bescheiden und sympathisch. Mehrere Hinweise machen deutlich, dass er sich als Vertreter der christlich-klassischen Bildung versteht. Sein vorsichtiges Formulieren bezieht gleichwohl den Zuhörer mit ein. So ist seine Rede zwar anspruchsvoll, aber doch gut verständlich.

**7** a) Reich-Ranicki berichtet in seiner Autobiografie, dass er sich schon frühzeitig intensiv mit deutscher Literatur beschäftigte und noch in seiner Zeit als Gymnasialschüler einen Großteil der wichtigsten Werke gelesen hatte. Er betont, dass diese frühe Liebe zur Literatur ganz entscheidend von der Schule geweckt wurde und dass er durch besonders gute Leistungen im Fach Deutsch auch seinen Mitschülern imponieren wollte.

b) Der Autor schildert sein Leben anschaulich und pointiert. Seine Autobiografie ist auch eine gelungene Selbstdarstellung, da er damit verdeutlicht, wie interessiert er schon als Schüler gewesen ist und wie viel ihm die Literatur bereits damals bedeutet hat. Die starke Betonung seiner eigenen Leistungen (bester Schüler, große Leseleistung, vielfältige Kenntnisse) wird dadurch gemildert, dass er auch die Verdienste seiner Schule würdigt. Zudem wird so deutlich, dass er Benachteiligungen, denen er als Jude ausgesetzt war, zumindest anfangs auf diese Weise kompensieren („rächen") wollte.

**8** a) Hillary Clinton beschreibt in diesen Auszügen aus ihrer 2003 erschienenen Autobiografie, wie sehr ihre Tätigkeit als First Lady der USA von ihrer Herkunft geprägt war. Sie macht deutlich, dass es für sie nicht leicht war, die verschiedenen Rollen, die sie einnehmen musste, miteinander in Einklang zu bringen. Außerdem berichtet sie, wie sehr sie sich durch die pausenlose Bewachung durch Sicherheitsbeamte eingeengt fühlte.

b) Hillary Clinton stellt sich als kämpferische engagierte Frau dar, die mit den Anforderungen ihres Amtes umzugehen versteht, auch wenn sie unter manchen Auswirkungen zu leiden hat. Sie gibt sich staatsmännisch, betont aber auch die Bedeutung, die ihr Privatleben für sie hat. Die Hinweise auf ihre Herkunft lassen diese in einem rundum positiven Licht erscheinen.

c) Clintons Stil ist mitteilsam und allgemein verständlich. Ihre Betonung der eigenen Rolle auch als Mutter, Ehefrau und Anwältin zielt auf die Gefühle besonders der weiblichen Leser, die sie – schließlich ist sie ja auch selbst aktive Politikerin – zu beeindrucken sucht und für sich gewinnen möchte. Ihre ausführliche Schilderung, wie sehr sie sich nach Anonymität sehnte, macht sie sympathisch und suggeriert, dass sie ein Mensch wie du und ich ist. Hillary Clinton möchte also den Lesern nahe sein und sie zugleich beeindrucken, indem sie zeigt, wie souverän es ihr gelungen ist, die mit dem Amt der Frau des US-Präsidenten verbundenen Pflichten und Herausforderungen zu meistern.

## Zwischentest, Seite 42

**1** a) Der damalige Bundespräsident macht in seiner Rede klar, dass er durchaus nicht generell gegen Traditionen ist, auch wenn er weiter manche Gepflogenheiten und Zeremonien, die mit dem Amt des höchsten Repräsentanten des Staates verbunden sind, infrage stellt. Heinemann ist es dagegen sehr wichtig, an auch heute noch berechtigte Einsichten und Forderungen früherer Zeiten anzuknüpfen. Es geht ihm also um eine kritische Überprüfung von Traditionen. (5 P.)

b) Heinemann versteht unter Traditionen alle Überlieferungen aus der Vergangenheit, die sich in einer Gesellschaft erhalten haben. Dabei differenziert er zwischen der Traditionspflege von Äußerlichkeiten wie z. B. Zeremonien („rote Teppiche", Neujahrsempfänge) und dem eigentlichen kulturellen Erbe. Heinemann wehrt sich dagegen, dass konservative oder reaktionäre Gruppen die Tradition oft einseitig für sich vereinnahmen. Der Bundespräsident weist darauf hin, dass „bestimmte Vorgänge" der Vergangenheit, die er nicht weiter benennt, auch anders bewertet werden können. (5 P.)

**2** In den Einleitungssatz einer Textwiedergabe gehört der Basissatz (mit mindestens den Angaben: Autor, Textsorte, Titel, Thema), in den Schluss eine Aussage über die vermutete Intention des Autors.

**3** a) geistreiche Abhandlung
b) Absicht, Beweggründe des Autors
c) Schilderung des eigenen Lebens
d) systematische Untersuchung eines Textes, vor allem hinsichtlich der sprachlichen Mittel und der Intention des Autors
e) Redekunst

**4** Nachricht, Bericht, Reportage, Kommentar, Leitartikel. – In seriösen Zeitungen werden Berichte und Meinungsäußerungen deutlich und gut sichtbar voneinander getrennt. Möglichst werden sie optisch oder räumlich voneinander geschieden.

## Die Erörterung, Seite 43 bis 57

**1** und **2**, Beispielformulierungen:
**Einleitung:** Ernst Elitz vergleicht in seinem Artikel „Des Lebens frische Flut" in „Sonntag Aktuell" vom 12.09.2004 Printmedien mit dem Bildschirm, handschriftliche Briefe mit E-Mails. Oder ...: „Sonntag Aktuell" hat am 12.09.2004 einen Artikel von Ernst Elitz veröffentlicht, in dem er das herkömmliche Lesen und Schreiben der privaten Nutzung des Computers gegenüberstellt. Als Überschrift hat er ein Zitat von Hölderlin gewählt: „Des Lebens frische Flut".
**Beginn Hauptteil:** Der Verfasser geht von eigenen Beobachtungen und Erfahrungen aus, um die Vorteile konventionellen Lesens und Schreibens zu belegen.
Seine Thesen lauten: Kein Laptop kann Bücher ersetzen.
Ein Buch ist ein Kunstwerk ...
Computer sind gesundheitsschädlich, reparaturanfällig, unbequem, unzuverlässig, unpersönlich ...
**Analyse:** Elitz formuliert seine „andere Meinung" bewusst subjektiv (Beispiele aus dem eigenen Alltag), – evtl. Beispiele anführen und kommentieren – Nachdruck und Wirkung erreichen seine Aussagen durch leicht verständliche, einfache Sprache (viele kurze Hauptsätze) und stilistische Mittel (Wiederholungen, Parallelismen, Anaphern ...) – evtl. zitieren und kommentieren.
**Stellungnahme – Überleitung zur Erörterung:** Beim ersten flüchtigen Lesen, etwa beim Sonntagsfrühstück, mag der Artikel durchaus auf Zustimmung stoßen. Bei genauerer Betrachtung erweisen sich die Argumente und Beispiele aber doch als sehr einseitig.
Wie Herr Elitz habe auch ich beim Frühstück die Zeitung auf dem Tisch und nicht den Laptop, weil ...
Aber: Anders als Herr Elitz, ...
Nach dem Frühstück beginnt der Arbeitsalltag, und da ...
eigene Erfahrung, aber auch Gebrauch des Computers, allgemein; (Argumente steigernd anordnen, möglichst mit Beispielen)
**Schluss:** Ernst Elitz' Meinung widerspricht nicht meiner Meinung zu konventionellen Kulturtechniken; allerdings ...

**3** individuelle Lösung

**4** **Ziel:** Ozdyk möchte auf den in den Medien und der Werbung propagierten Egoismus hinweisen, durch den verhindert wird, dass sich Menschen den wesentlichen Problemen (Hunger, Kinderarbeit, Armut, Obdachlosigkeit etc.) zuwenden.
**Adressat:** Menschen jeden Alters; im Speziellen diejenigen, die sich nicht engagieren, nicht Mitmenschen helfen oder unterstützen und sie im Gegenteil ausnutzen oder ausbeuten; auch die Medien und die Werbeindustrie, die derartige Parolen und Lebenshaltungen verbreiten.
**Thesen:**
- Kunden und Verbraucher handeln gegen jedes Gefühl von Anstand.
- In unserer Gesellschaft gibt es einen eindeutigen Werteverfall.
- Verbraucher resignieren angesichts der überhandnehmenden Werbung, wehren sich nicht gegen derartige Beleidigungen.
- Dennoch kaufen sie bei Unternehmen ein, durch die sie diffamiert werden.
- Ohne Menschen, die hilfsbereit sind, könnten andere nicht überleben etc.

**5**
- Ozdyk beginnt seinen Kommentar mit drei einleitenden Fragen, die indirekt den Schreibanlass begründen und den Leser nachdenklich stimmen; so erreicht er eine gewisse Erwartungshaltung, denn der Leser erwartet Antworten (Z. 1–4)
- Ein Kommentar schwächt die Bedenken nur scheinbar ab, fordert aber Zustimmung heraus.
- Die stetige Wiederholung des Slogans „Geiz ist geil!" (Z. 11/12, 16, ...) wirkt stellenweise wie eine Antwort oder ein Kommentar und lässt die im Vorfeld kritisierte Konsumhaltung der Menschen angesichts der Nöte anderer völlig unmenschlich, gar absurd wirken
- Konkrete Beispiele und Fakten (17 ff.) sind zwar Behauptungen, wirken jedoch wie Argumente, gegen die es keine Gegenargumente gibt.

**6** Ozdyk verwendet nahezu durchgängig Fakten- und Wertargumente, die zwar nicht immer begründet oder hinsichtlich ihrer Folge dargestellt werden, doch sie erscheinen plausibel und müssen aufgrund ihrer Eindringlichkeit größtenteils nicht weiter ausgeführt werden.

Somit wird deutlich, dass auch Beispiele oder Fakten als Argumente herangezogen werden können.

**7** Stephan Gutzeit zeigt in dem vorliegenden Kommentar aus der Frankfurter Allgemeinen Zeitung vom 24. Dezember 2001, dass für künftige Betriebswirte und Manager eine Beschäftigung mit den großen Werken der Weltliteratur höchst nützlich wäre, weil sie sich dadurch eine gründliche Menschenkenntnis erwerben würden, die bei der Bewältigung von Führungsaufgaben unentbehrlich sei. Gutzeit bedauert, dass ein derartiges Literaturstudium in Deutschland nicht zum Inhalt des BWL-Studiums gehört, und verweist auf positive Gegenbeispiele aus den USA und der Schweiz. Allgemein lernten die Studenten durch die Beschäftigung mit der Literatur, wie man sich schriftlich gewählt ausdrückt und wie man redet, wie man Texte untersucht und wie man so anders denken kann. Dies alles spricht, so Gutzeit, für ein intensives Studium der Literatur – und gegen Studiengänge, die einseitig auf „Zahlen und Fakten" ausgerichtet sind.

**8** Der Autor hat eine bedenkenswerte These aufgestellt, denn die Beschäftigung mit guter Literatur kann viele schlummernde Talente in Schülern und Studenten wecken. Auch die von Gutzeit genannten weiteren Gründe leuchten durchaus ein. Allerdings bleibt die Frage, ob die betroffenen Schüler dies alles einsehen und ob sie einen umfangreicheren Deutschunterricht unterstützen würden.
Ohne motivierte Schüler ist aber gerade die von dem Autor intendierte Aufwertung des Literaturunterrichts sicher nicht machbar! Außerdem stellt sich die Frage, welche Fächer dann gekürzt werden sollten.

**9** Lösungshinweis:
Bei einer Stellungnahme sollten Sie darauf achten, dass sie nicht einseitig ist, sondern differenziert und begründet. Andererseits darf die eigene Meinungsäußerung durchaus entschieden und deutlich sein.
Manchmal ist es sinnvoll, hier noch eigene Erfahrungen einzubeziehen.
Im vorliegenden Fall könnten Sie zum Beispiel sagen, dass Sie dem Autor zwar grundsätzlich beipflichten, aber andererseits auch sehen, dass gerade das Studium der Betriebswirtschaftslehre fachbezogen sein muss und dass gute Literaturkenntnisse höchstens indirekt nützlich sein dürften. Dem Autor ist es zwar gelungen, einen wichtigen Gesichtspunkt klar und deutlich zum Ausdruck zu bringen, aber leider bleibt er in seiner Darstellung einseitig, da er Gegenargumente nicht wirklich berücksichtigt.

**10** a) Entscheidende Schlüsselwörter des Textes sind: Kaufen – Markenkleidung – Kreditkarte – Coolness – Werbespot - Freiheit – „Kreisen um sich selbst" / Ich-AG – Solidarität – Toleranz – Ignoranz.
Die positiv besetzten Werte „Freiheit", „Solidarität" und „Toleranz" stehen in auffälligem Gegensatz zu den anderen Schlüsselwörtern, die sich alle auf die moderne Konsumwelt und ihren Einfluss auf die junge Generation beziehen.

b) Der Autor vertritt die These, dass die „Generation Golf" der Jugendlichen und der jungen Erwachsenen sehr egoistisch und veräußerlicht lebt. Die Vertreter dieser Generation ließen sich einseitig von der Werbeindustrie beeinflussen und heiligten deshalb den Konsum, während sie sich kaum für andere interessierten. Statussymbole und Sich-zur-Schau-Stellen seien ihnen wichtiger als Solidarität und echte Toleranz.

c) Illies verdeutlicht seine Kernthese mithilfe von pointiert formulierten Beispielen aus dem Alltagsleben, die jeder leicht nachvollziehen und bestätigen kann.
Er verallgemeinert diese Beispiele, ohne genauer zu prüfen, ob seine Behauptungen beispielsweise durch statistische Erhebungen bestätigt werden können. Eventuelle Gegenargumente berücksichtigt er nicht.

d) Der Autor möchte schonungslos aufdecken, dass die „Generation Golf" selbstbezogen und einseitig konsumorientiert ist. Man kann davon ausgehen, dass er damit seinen Lesern die Augen öffnen möchte, damit sie sich weniger von außen beeinflussen lassen, sondern stärker auf sich selbst und wichtige Grundwerte wie Toleranz und Solidarität besinnen.

11 Bei dieser Frage dürfen Sie natürlich nicht nur mit einem schlichten „Ja" oder „Nein" antworten. Vielmehr müssen Sie Ihren Standpunkt ausführlicher begründen, wobei Sie auch persönliche Erfahrungen mit berücksichtigen dürfen. Überlegen Sie für Ihre Antwort einmal das Folgenden: Vielleicht hat Florian Illies in der Tendenz ja durchaus recht, aber urteilt er nicht dennoch sehr pauschal und einseitig?

12 **Einleitung:** Immer wieder gibt es Situationen, in denen sich der Einzelne mit Gewaltverhältnissen auseinander setzen muss. Bert Brecht hat in der vorliegenden Parabel, die er 1932 schrieb hat, auf diese Frage eine sehr originelle Antwort gegeben, indem er darauf hinweist, dass es Situationen geben kann, in denen der offene Widerstand weniger sinnvoll ist als die äußerliche Unterwerfung.
**Eigene Stellungnahme:** Brechts Beispielgeschichte hat mich nachdenklich gestimmt, denn zunächst erschienen mir Herr Keuner und Herr Egge eher feige und unterwürfig, weil sie sich anpassen und nicht zu ihrer Meinung stehen. Dann aber habe ich mir klar gemacht, dass es in einer Extremsituation viel sinnvoller sein kann, „die eigene Haut zu retten". Ich glaube, dass es bei einer echten Bedrohung wirklich schlauer ist, die eigene Meinung zu verbergen und vorübergehend gute Miene zum bösen Spiel zu machen. Insofern finde ich Brechts Parabel hilfreich und anregend.
(Natürlich darf die eigene Stellungnahme auch anders ausfallen als in diesem Lösungsvorschlag, der nur eine mögliche Aufgabenlösung darstellt.)

13 Das zentrale Thema in Schillers „Wilhelm Tell" besteht in der Auseinandersetzung des naturverbundenen freiheitsliebenden Protagonisten mit der von außen aufgezwungenen Willkürherrschaft der österreichischen Habsburger. Gegen deren machtgierigen und ungerechten Stellvertreter, den Landvogt Gessler, setzt sich Tell mit aller Entschiedenheit zur Wehr. Da Gessler brutal und uneinsichtig bleibt, tötet Tell ihn schließlich und setzt damit dem „teuflischen Treiben" des Vogts ein Ende. Der Schweizer Nationalheld beruft sich bei seinem Tyrannenmord auf das Recht zum Widerstand gegen fremde Unterdrückung. Insofern habe er wie aus Notwehr gehandelt, um sein Volk zu befreien.

14 Wilhelm Tell greift in seinem Monolog den Landvogt vehement an und betont, dass er vor dem Auftreten des Landvogts Gessler ein ruhiges, friedliches, glückliches Leben geführt habe, was jetzt nicht mehr möglich sei. Er müsse jetzt Frau und Kinder vor der Gewalt des Tyrannen schützen. Um den beabsichtigten Mord zu rechtfertigen, verweist er mit drastischen Formulierungen auf die Untaten seines Widersachers: „mit grausam teufelischer Lust", „jedes Gräuels straflos zu erfrechen"; dies alles bringt er in Verbindung mit seiner Verantwortung als Familienvater: „liebe Kinder", „an euch nur denkt er", „eure holde Unschuld".
Seine Argumentation wirkt auf den Leser / Zuschauer glaubhaft: Er handelt in einer persönlichen Notlage; die „Befreiung" seiner Landsleute, die ihn später zum Volkshelden macht, ist sekundär.

15 Sie sollten sich für eine klare Stellungnahme (= These) entscheiden und mit Beispielen argumentieren, etwa:
- War Cäsars Ermordung notwendig?
- Waren die (fehlgeschlagenen) Attentate auf Hitler sinnvoll?
- Hätte man Saddam Hussein „töten" sollen?
- ...

16 Beispiellösungen:
a) Der Ich-Erzähler leidet darunter, dass seine Freundin Silke von ihren Eltern sehr stark bevormundet wird, ohne sich wirklich dagegen zu wehren. Als er die Mutter provoziert, bleibt Silke zu Hause, worauf sich der Protagonist schwere Vorwürfe macht.
b) Der junge Mann möchte eigentlich eine Klärung der Situation und seine Freundin dazu bewegen, dass sie sich aus der Bevormundung durch ihre Eltern löst und sich ihm stärker zuwendet. Ihm ist auch das scheinheilige „Getue" der Mutter zuwider, und es stört ihn sehr, dass sie Silke Schuldgefühle suggeriert. Er hofft also darauf, dass sich seine Freundin von ihrem Elternhaus emanzipiert und nicht länger gängeln lässt.
c) Der Ich-Erzähler erscheint in diesem Romanauszug sehr nachdenklich und selbstkritisch. Er macht sich Vorwürfe,

zweifelt an sich und ist auch nicht frei von Selbstmitleid. Andererseits ist er sich selbst gegenüber sehr offen und versteht es, seine Gefühle und seine inneren Konflikte zur Sprache zu bringen.

d) Sicher wäre es besser gewesen, wenn der Protagonist die bestehenden Probleme einmal vorher in Ruhe mit seiner Freundin besprochen hätte. Dann hätten die beiden gemeinsam überlegen können, wie sie weiter vorgehen wollen. Außerdem hätte er dabei festgestellt, ob sich Silke überhaupt von ihren Eltern unterdrückt fühlt oder ob er das nur annimmt. Statt einer offenen Aussprache hat der Erzähler dann aber in der entscheidenden Situation überreagiert und damit die Freundschaft mit Silke aufs Spiel gesetzt.

e) Der Ich-Erzähler wirkt sympathisch, eben weil er so selbstkritisch und kein Macho ist. Außerdem ist er einfühlsam und hat verstanden, dass Silkes Eltern in gewisser Weise verlogen sind. Allerdings ist er nicht gerade geschickt vorgegangen und hat dadurch Silke in einen unguten Entscheidungskonflikt gebracht. Es ehrt den Protagonisten, dass er sich hinterher viele Gedanken über das Vorgefallene macht und sein eigenes Verhalten sehr deutlich in Frage stellt. Er muss allerdings aufpassen, dass er sich nicht zu sehr in Selbstzweifeln ergeht, denn dann könnte es leicht passieren, dass er irgendwann resigniert und sich frustriert zurückzieht.

## Zwischentest, Seite 57

**1** Susan Neiman behauptet, Optimismus könne man nicht lernen. Sie grenzt den Begriff Optimismus gegen den Begriff Hoffnung ab. Hoffnung hält sie für „viel wichtiger" und „durch Vernunft erreichbar". Die Vernunft sage uns, dass in der deutschen Nachkriegsgeschichte viel erreicht wurde und dass es uns im Vergleich zu anderen Zeiten und anderen Ländern gut geht. Wir sollten nicht optimistisch behaupten, dass wir in der „besten aller möglichen Welten" leben, sondern an der Hoffnung festhalten, dass diese Welt verbessert werden kann. (5 P.)
2. Teil der Aufgabe: Individuelle Lösung. (unbewertet)

**2** Nur die dialektische Erörterung ist eine echte Pro-und-Kontra-Erörterung, bei der das Für und Wider einer These diskutiert werden muss. Bei der linearen oder „steigenden" Erörterung geht es dagegen nur darum, eine These mit sie stützenden Argumenten zu begründen – Gegenargumente werden dabei nicht in Betracht gezogen.

**3** Die Einleitung einer Erörterung sollte den Basissatz mit den wesentlichen Angaben zum Text enthalten. Origineller als unmittelbar mit dem Basissatz zu beginnen, ist es, nach einem passenden Aufhänger zu suchen, der in die Problematik einführt und die zu diskutierende Fragestellung schon einmal beispielhaft verdeutlicht. Besonders gut eignen sich hierfür aktuelle Beispiele, die natürlich in einem direkten oder indirekten Zusammenhang zum Thema stehen müssen.

## Interpretation / Produktives Schreiben, Seite 58 bis 73

**1** Es geht in dem Text um die Frage, wie wichtig menschliche Anteilnahme ist und wie sehr es in der Zukunft darauf ankommen wird, dass die Menschen Unrecht, das anderen widerfährt, nicht gefühllos hinnehmen.

**2** Die Grundhaltung der Autorin ist kämpferisch und mahnend. Kaschnitz schreibt sehr eindringlich. Sie möchte die Leser aufrütteln und nachdenklich stimmen. Der Text macht deutlich, dass die Schriftstellerin sehr besorgt hinsichtlich der Zukunft ist. Zugleich ist sie nicht resignativ, denn sie glaubt an ein besseres Leben, wenn die Menschen nur nicht die Augen vor offenkundigem Unrecht verschließen, sondern sich beherzt engagieren.

**3** Die Autorin benutzt komplizierte Satzreihungen, die zum genauen mehrmaligen Lesen zwingen und so zu einer Auseinandersetzung mit dem Inhalt führen. Die drastisch-unmissverständliche Ausdrucksweise mit starken Adjektiven und Verben macht betroffen und rüttelt wach. Die Wiederholungen im Text sind natürlich gewollt. Sie führen dazu, dass das Gesagte besonders nachdrücklich wirkt.

**4** Marie Luise Kaschnitz möchte mahnen. Sie protestiert gegen die weit verbreitete

Empfindungslosigkeit ihrer Zeit und will dazu animieren, dass sich die Menschen solidarischer verhalten und stärker engagieren.

**5** In dem Romanauszug geht es um den inneren Konflikt des Dorfpolizisten Jens Ole Jepsen, der einem in dem Ort sehr angesehenen Künstler ein Malverbot, das in Berlin beschlossen wurde, überbringen muss. Der Polizist tut dies mit sichtlichem Unbehagen, aber schließlich handelt er doch so, wie ihm befohlen worden ist. Er erweist sich damit als Mitläufer, was deshalb besonders problematisch ist, weil die Episode 1943 spielt, also in der Zeit des Dritten Reiches.
Besonders eindringlich wirkt die Geschichte dadurch, dass sie aus der Perspektive des noch jungen Sohnes des Polizisten erzählt wird. So kann sich der Leser noch besser in die Haut des Vaters versetzen und dessen Unsicherheit nachempfinden.
Lenz thematisiert in seinem Roman also das Problem des Mitläufertums, ohne das eine Diktatur wie das Dritte Reich nicht existieren könnte. Er fordert damit den Leser auf, über das gedankenlose Befolgen von Befehlen und das gedankenlose oder feige oder resignierende Jasagen nachzudenken.

**6** Die Kurzgeschichte „San Salvador" von Peter Bichsel aus dem Jahre 1964 beschreibt die Gedanken und planlosen Handlungen des Familienvaters Paul, der davon träumt, der Eintönigkeit seiner Ehe mit Hildegard zu entfliehen, sich letztendlich jedoch nicht dazu aufraffen kann.
Lösungshinweise:

**Handlungen von Paul:**
- probiert den neuen Füller aus
- kritzelt und schreibt ohne Sinn
- räumt auf
- liest Kinoanzeigen
- dreht Radio aus
- liest Gebrauchsanweisung in verschiedenen Sprachen
- sitzt einfach da
- wartet auf Hildegard

**Gedanken von Paul:**
- überlegt, wem er schreiben könnte
- denkt über Fortgehen nach Südamerika nach
- denkt an Palmen
- stellt sich Hildegards mögliche Reaktionen vor und denkt an Hildegard

**Situation:**
- Paul sitzt zu Hause
- Kinder sind im Bett
- Ehefrau Hildegard ist bei Kirchenchorprobe
- Verhalten der Personen ist berechenbar

**Beziehung zu Hildegard:**
- Ehealltag
- Langeweile
- Gefühlskälte (Mir ist es hier zu kalt)

**Wunschvorstellungen Pauls:**
- will nach Südamerika
- träumt von Palmen und (innerer) Wärme
- will ausbrechen aus dem Eheeinerlei
- sucht Abwechslung und Geborgenheit

**Wissen über Hildegard:**
- ist bei Kirchenchorprobe
- würde an einem Weggehen Pauls zweifeln
- würde dies kontrollieren (Hemden zählen, im „Löwen" anrufen)
- weiß nicht, dass der „Löwe" mittwochs geschlossen ist
- nähme an, es sei etwas geschehen
- würde lächeln, verzweifeln, sich mit der Situation abfinden
- würde Haare aus dem Gesicht streichen, mit dem Ringfinger der linken Hand an der Stirn entlangfahren

**Sprache und Stil:**
- meist Parataxe, ohne Verknüpfungswörter
- reihender Satzbau bewirkt Langeweile: enger sprachlicher Bezug zum Inhalt
- eintönige Wortwahl
- Aufzählungen: weist auf Routine, Alltag hin
- Wiederholungen
- Konjunktiv II: Pauls Weggang ist unwahrscheinlich
- Personaler Erzählbericht (3. P. Sg.)
- Symbole: Palmen = Sonne, Wärme
- Innerer Monolog

**Aufbau der Geschichte:**
- unvermittelter Anfang, offenes Ende
Deutungsmöglichkeiten:
- Paul will dem Ehealltag, der Routine und Gefühlskälte entfliehen.
- Mangelnde Kommunikation zwischen Paul und Hildegard
- Träumt von einer Flucht nach Südamerika
- Mit dem Ziel „San Salvador" hat Paul sich kaum beschäftigt (vermutet es in Südamerika)
- Paul fehlt der Mut zum Weggehen

**7** Lösungshilfen:
Mörikes Herbstgedicht ist klar zweigeteilt:
**Vers 1 und 2:**
- Zustandsbeschreibung
- Hinweis auf Veränderung (Wiederholung „noch")
- Betonung der ruhigen Stimmung durch Alliterationen (Nebel – noch; Welt – Wald – Wiesen)

**Vers 3 bis 6:**
- Wendung an ein lyrisches Du
- Blick in die Zukunft
- Enjambement V. 5/6
- Wortschöpfung „herbstkräftig"
- Abweichung von der metrischen Betonung in Vers 5: hèrbstkräftig (besonders betontes Wort!)

**insgesamt:**
- fließender Rhythmus, regelmäßiges Versmaß (5-hebiger Jambus)
- Reimfolge: abaaab = liedhaft und einprägsam
- Der Herbst erscheint als „warm" und „golden", auch wenn er sich erst mit Nebel zeigt
- Dieser Eindruck wird durch die „warmen" Vokale verstärkt (a, ä, o)

**8** Trakl schrieb dieses sehr bekannte Gedicht 1913, also ein Jahr vor Ausbruch des Ersten Weltkriegs, den damals viele vorweg ahnten. Die Überschrift „Verfall" ist deshalb auch im übertragenen Sinne zu verstehen, denn die „gute alte Zeit" vor 1914 war dem Untergang geweiht.
Das Gedicht, bei dem es sich um ein klassisches Sonett handelt, ist darüber hinaus auch Ausdruck der inneren Lebenseinstellung des Dichters. Trakl war zeitlebens schwermütig. Dies alles zeigt sich deutlich in seiner Lyrik. So enthält das vorliegende Gedicht, das so wunderbar schwebend beginnt (auch im Rhythmus!), in den beiden letzten Strophen Bilder, die die anfängliche Idylle aufheben und zerstören („Die Amsel klagt"; der Wein „schwankt", noch dazu „an rostigen Gittern"; die Kinder sind blass, die Astern „fröstelnd"). Und während eingangs noch vom Frieden die Rede war, sind die beiden abschließenden Terzette vom „Todesreigen" überschattet, der auch noch auf Kinder bezogen wird, die doch sonst für Zukunft und Optimismus stehen.

**9** Ferdinand will seine geliebte Luise sehen, sich ihrer Liebe und Treue versichern. Luise aber weiß, dass diese Liebe keine Zukunft hat. Ferdinand dominiert den Dialog. Er ist euphorisch, bemerkt zwar Luises Veränderung, versteht sie aber nicht. Die Gefühle der beiden werden nicht nur in ihren Äußerungen (z. B. unvollständigen Sätzen), sondern vor allem durch die Regieanweisungen deutlich:
Ferdinand: fliegt auf sie zu; ihre Hand nehmend und zum Mund führend; befremdet; springt auf; sie zärtlich umfassend; sprachlos ...
Luise: sinkt entfärbt und matt auf einen Sessel; fällt ihm um den Hals; mit Wehmut; lässt plötzlich seine Hand fahren; in großer Bewegung; stürzt hinaus ...

**10** Die Dialogszene macht insofern den wesentlichen Konflikt deutlich, weil Ferdinand nicht begreifen kann oder will, dass Luise wegen der Standesschranken und unter dem Druck ihres Vaters ihrer Liebe entsagen muss. Sprache und Verhalten zeigen Ferdinands Selbstbewusstsein und seinen Absolutheitsanspruch, dagegen steht Luises Zerrissenheit. Der Zuschauer kann mit beiden mitfühlen, kann nicht auf ein glückliches Ende hoffen.

**11** Galilei sieht eine neue Zeit angebrochen, weil immer mehr Menschen damit begonnen hätten, „die Ursache aller Dinge zu erforschen". Sie wollten Neues entdecken und seien bereit, alle traditionellen Auffassungen in Zweifel zu ziehen. Damit aber mussten alle diese Menschen und vor allem ein Vordenker wie Galilei zwangsläufig mit der katholischen Kirche in Konflikt geraten, da diese den überkommenen Glauben wie ein Bollwerk verteidigte. Die Kirche konnte und wollte nicht zulassen, dass an dem alten Weltbild gerüttelt wird. Deshalb gehen ihre Vertreter auch mit aller Entschiedenheit gegen alle diejenigen vor, die ihre Lehre bezweifeln.

**12** Bertolt Brecht befand sich 1939, nachdem er vor den Herrschern des Dritten Reiches geflohen war, im Exil. Da er ein erbitterter Gegner des Nationalsozialismus war, lag es nahe, dass er sich mit dem großen italienischen Gelehrten des 17. Jahrhunderts beschäftigte, da der sich in seiner Zeit ebenfalls mit einer machtvollen diktatorischen Institution auseinandersetzen musste.

**13** individuelle Lösung

**14** individuelle Lösung

## Zwischentest, Seite 71–73

**1** individuelle Lösung
Lösungshinweise: Anfang und Ende des Gedichtes bilden den Rahmen, beschreiben die Situation des lyrischen Ichs: „Ich steh auf hohem Balkone ..." – „darf nur heimlich lösen mein Haar ...". Vom Ende her wird klar, dass die Wünsche nicht realisierbar sind, die Schlussaussage wirkt resignativ.
Im Mittelteil werden die Vorstellungen und Sehnsüchte des lyrischen Ichs deutlich.
Es ist offensichtlich eine Frau („Wär ich ein Mann doch wenigstens nur"), die mit der ihr zugeordneten Rolle unzufrieden ist. Die schmerzlichen Empfindungen werden vermittelt durch die Wiederholung der Interjektion „O" (V. 5, 13, 21) und die Konjunktivformen „möchte"(V. 6, 13, 21), „würde" (V. 28), „wär" (V. 25, 27). Das lyrische Ich ist also gefangen in Konventionen, sehnt sich nach Freiheit. Ein Stück Freiheit wäre schon, die Haare im Wind flattern zu lassen, wirkliche Freiheit wäre die selbstständige Steuerung des Lebens – symbolisch eines Schiffes in der Brandung.
Das Gedicht ist in vier gleichmäßige achtzeilige Strophen gegliedert, der durchgehende Kreuzreim mit Wechsel von männlichen und weiblichen Kadenzen ermöglicht flüssiges Lesen. Die Verse beginnen meist mit einer unbetonten Silbe; rhythmische Bewegung entsteht durch den Wechel von zweisilbigen und dreisilbigen Takten.
Sprachliche Auffälligkeiten / poetische Mittel sind:

- der Beginn mit dem Personalpronomen „ich"
- die Du-Anrede (an den Sturm!)
- Vergleiche und Bilder (z. B. V. 3, 10, 15, 16, 18, 24)
- Lautmalereien, z. B. „Geklaff und Gezisch" (V. 11), „glänzende Flocken" (V. 12), „zischend, brandend" (V. 23)
- Enjambements (V. 3/4, 9/10, 15/16)
- Wiederholungen

**2** Annette von Droste-Hülshoff stammte aus einem alten westfälischen Adelsgeschlecht. Sie litt unter der ständischen Engstirnigkeit und strengen Frömmigkeit ihrer Eltern. Dies hatte physische und psychische Folgen:
Sie war ständig kränkelnd und durfte ihre literarischen Werke auf Druck der Familie nur anonym veröffentlichen. Ab 1841 lebte sie auf der Meersburg am Bodensee. Dort besuchte sie Levin Schücking, in den sie sich verliebt hatte, der aber von der Familie abgelehnt wurde und 1843 eine andere Frau heiratete. Nach dem Bruch der Beziehung erkrankte Droste-Hülshoff schwer.
Das vorliegende Gedicht spiegelt vermutlich ihre Gefühle während der Zeit auf der Meersburg wider.

**3** Die Szene zeigt die Sympathie und das Vertrauen zwischen den beiden Frauen. Sittah wirkt überlegen und rational („Sei ruhig! – Nimmermehr! – Steh auf!"), Recha dagegen verunsichert und emotional aufgewühlt („es muss heraus! Mein Herz will Luft ..."; „wirft sich, von Tränen überwältigt, zu ihren Füßen"). Sittah gelingt es, sie zu beruhigen und zum Sprechen zu bringen. Ihr Angebot, Recha als „Freundin" und „Schwester" zur Seite zu stehen, nimmt diese schließlich auch an („die sich ermannt und aufsteht").

**4** Der stichomythische Beginn zeigt einerseits die Angespanntheit der beiden Frauen, andererseits aber auch ihre Bereitschaft und Fähigkeit, einander zuzuhören. Sittah ist die Dominierende, hält sich aber zurück, um Recha die Gelegenheit zum Sprechen zu geben. Sie unterbricht nur, wenn die Aussagen präzisiert werden sollen.

**5** Es geht in Lessings Stück um die Toleranz zwischen Angehörigen der drei Religionen, die in Jerusalem vertreten sind: Christen, Muslime und Juden.
Recha glaubt, sie sei Jüdin, und sie liebt ihren (vermeintlichen) jüdischen Vater. Sie liebt aber auch ihre christliche Erzieherin, deren missionarischer Eifer ihr zu schaffen macht. Und sie fasst Vertrauen zur Schwester des Sultans.

**6** Lösungshinweis:
Diese Aufgabenstellung ist deshalb nicht so leicht zu bearbeiten, weil Sie sich hier in die Haut der Ehefrau und Mutter versetzen müssen, die in der Geschichte nur indirekt und ganz zum Schluss vorkommt. Allerdings wissen wir, was sie zuvor gemacht hat und was ihr wohl besonders wichtig ist. Wie es um ihr Verhältnis zu ihrem Mann bestellt ist, wissen wir jedoch nicht. Versuchen Sie also, sich in Hildegard hineinzudenken: Hat sie vielleicht etwas gespürt, geahnt? Was bedeutet ihr Paul? Denkt sie möglicherweise auch an eine Trennung oder will sie die Familie zusammenhalten? Ist sie eigentlich mit ihrem Leben zufrieden oder nicht? – Beachten Sie bitte bei Ihrer Beantwortung noch, dass hier ein Tagebucheintrag gefordert ist. Machen Sie sich klar, was den besonderen Charakter eines Tagebuchs ausmacht:
Zum einen bietet es die Chance, sonst verschwiegene Gefühle und Konflikte zur Sprache zu bringen, zum anderen ermöglicht es durch die Eigenart des Schreibens, Abstand zu gewinnen und zur Besinnung zu kommen.

## Literatur, Seite 74 – 94

## Zwischentest, Seite 94

**1** a) Nachkriegsliteratur
b) Romantik
c) „Junges Deutschland"
d) „Sturm und Drang"; Weimarer Klassik
e) Realismus
f) Weimarer Republik; Exilliteratur
g) Aufklärung
h) Expressionismus

**2** Das „Junge Deutschland" vertrat eine gesellschaftskritische Linie und erhoffte sich eine Revolution gegen die Restauration. Diese Richtung war sehr diesseitig ausgerichtet und hatte wie die „Neue Sachlichkeit" der 1920er-Jahre wenig Sinn für Kunst um ihrer selbst willen. Beide Bewegungen waren für eine klare, deutliche Sprache und gegen eine konservativ-spießbürgerliche Lebenshaltung.

**3** Brechts Gedicht gehört eindeutig zur Exilliteratur. Dies macht nicht nur das Entstehungsjahr 1939 deutlich (Beginn des Zweiten Weltkriegs), sondern auch der Inhalt des Gedichts, in dem von den „finsteren Zeiten", von nicht näher genannten „Verbrechen" und „Untaten" die Rede ist. „Furchtbare Nachrichten" sind in dieser Zeit anscheinend so sehr an der Tagesordnung, dass Lachen und Lyrik sich deshalb eigentlich verbieten würden. Alles dies deutet auf die Schreckenszeit des Dritten Reiches hin, in der die meisten großen deutschen Schriftsteller ins Exil gegangen waren.

## Abschlusstest, Seite 95 – 97

**1** „Europa war die Tochter des phönikischen Königs Agenor, eine Jungfrau von strahlender Schönheit. Einst sandte ihr Kythereia, die Göttin der Liebe, gegen Morgen, zu der Zeit, wo der süße Glieder lösende Schlaf nur leicht auf der Wimper ruht und unter den Schlummernden der Schwarm trugloser Träume umherschweift, einen süßen seltsamen Traum. Während die Jungfrau da lag in Schlafes Arm, wähnte sie, die beiden Weltteile(,) Asien und die gegenüberliegende Festung(,) in Frauengestalt um sich kämpfen zu sehen."
Mit diesen Worten beginnt auf poetische Weise die antike Europa-Sage, die den Beginn und den Ausgangspunkt der Kulturgeschichte unseres Kontinents bildet.

**2** Mobilfunk sei eine Gefahr für die Bürger. Die Frage, ob die von Mobilfunk-Masten ausgehende Strahlung gefährlich sei, trete eher in den Hintergrund, da das Telefonieren mit dem Handy weitaus gefährlicher sein könne:
10 Minuten mit dem Handy zu telefonieren bewirke in etwa die Dosis von Strahlen, der man ausgesetzt sei, wenn man einen ganzen Tag in 50 Metern Entfernung von einer Mobilfunkanlage verbringe. Solange es keine gesicherten Erkenntnisse in Bezug auf die Gefährdung gebe, müsse man sensibel sein und verantwortlich mit dieser Technologie umgehen. Denn diese Strahlung könne Konzentrationsstörungen oder Schlaflosigkeit verursachen und sogar Krebserkrankungen auslösen. Deshalb solle man Handys nicht in der Nähe lebenswichtiger Organe tragen.

**3** A) Einleitung
B) Hauptteil: Wirkung des Textes
Inhaltsangabe
Aufbau der Geschichte

Sprachliche Gestaltung
Vermutete Intention der Autorin

C) Schluss: Was wir aus der Kurzgeschichte lernen können

Zur Intention: Kaschnitz will uns mit ihrer kleinen Geschichte zeigen, wie sehr viele Menschen heute von der Natur entfremdet sich in einer künstlichen Welt zu Hause fühlen und damit zufrieden sind – auch wenn sie noch nicht auf einer Weltraumstation leben ...

**4** Bei einer Texterörterung muss der betreffende Text zunächst sehr genau gelesen und erschlossen werden. Die Arbeit selbst beginnt – nach der Einleitung – mit der Textwiedergabe, an die sich die Erörterung der in dem Text thematisierten Frage anschließt.
Am Ende sollte eine Zusammenfassung oder die persönliche Stellungnahme stehen.

**5** Bei Kafkas Kurzgeschichte handelt es sich um eine Parabel, also um eine Art Gleichnis für eine scheinbar alltägliche Begebenheit. Der Ich-Erzähler, der am frühen Morgen in einer ihm fremden Stadt unterwegs ist, stellt erschrocken fest, dass er sich in der Zeit vertan hat. Ein Polizist, den er nach dem Weg fragt, lacht ihn aus und empfiehlt ihm, es aufzugeben. – Die äußerst kurze Parabel spielt an keinem konkreten Ort. Auch über den Zeitpunkt des Geschehens und die beiden einzigen Personen erfährt der Leser nichts. Dadurch hat die Geschichte etwas Zeitloses und Allgemeingültiges. Dass der Schutzmann nicht, wie es seine Aufgabe sein sollte, hilft, sondern den Erzähler verspottet, deutet darauf hin, dass die Geschichte für eine Grundsituation im menschlichen Leben steht, in der der Einzelne keine Antwort auf seine Fragen erhält, sondern abgewiesen wird. Insgesamt erscheint der Erzähler sehr verunsichert. Er ist „atemlos" und wirkt gehetzt. Die Geschichte hat einen offenen Schluss und lässt deshalb sehr viele Deutungen zu.

**6** Enzensberger macht darauf aufmerksam, dass in der heutigen Zeit allgemeinen Überflusses „Luxus" neu definiert werden muss. Er zwingt dadurch den Leser zum Nachdenken über den eigenen Lebensstil und das Konsumverhalten unserer Zeit. Wer sich konsequent an diesem Essay orientiert, wird sein Einkaufsverhalten überprüfen und künftig vermutlich auf vieles verzichten, was für das Leben eigentlich nicht so wichtig ist. Auf der anderen Seite würden Grundqualitäten des Daseins wie Ruhe, saubere Luft und gutes Wasser neu schätzen gelernt.

**7**

| | | |
|---|---|---|
| a) | Sturm und Drang | 1765–1785 (5) |
| b) | Exilliteratur | 1933–1945 (4) |
| c) | Expressionismus | 1905–1925 (3) |
| d) | Realismus | 1850–1900 (1) |
| e) | Romantik | 1795–1835 (2) |

**8** Schillers Drama „Die Räuber" ist eindeutig der Epoche des „Sturm und Drang" zuzuordnen. Dies zeigt auch der vorliegende kurze Textauszug, in dem Karl Moor seine Verachtung der Schriftsteller („tintenklecksendes Saeculum") zum Ausdruck bringt und darüber klagt, dass es in seiner Zeit keine Tatmenschen gibt. Auch die ausdrucksstarke bildkräftige Sprache („studieren sich das Mark aus dem Schädel"; „Keule des Herkules"; „Theaterfeuer") passt zur Zeit des „Sturm und Drang".

**9** Böll sieht den Begriff „Trümmerliteratur" als angemessen an, weil auch sieben Jahre nach 1945 die furchtbaren Verwüstungen des Zweiten Weltkriegs noch lange nicht überwunden seien. Er plädiert dafür, dass sich die Menschen der Vergangenheit stellen müssen, um die Wunden im Innern zu heilen. Schließlich beruft sich Böll auf den Urvater der abendländischen Literatur Homer, in dessen Epen auch und vor allem von Krieg, Zerstörung und Heimkehr die Rede gewesen sei. Mit diesem Hinweis will Böll deutlich machen, dass Literatur vor den Trümmern ihrer Zeit nicht die Augen verschließen darf und dass sie sich auch dazu bekennen sollte. Bölls Werk und dieses Bekenntnis gehören zur „Nachkriegsliteratur", zu der auch Günter Grass, Siegfried Lenz und Hans Magnus Enzensberger zählen.